/ **100** 位

新中国成立以来感动中国人物/

中国女排
五连冠群体

罗如岗　罗蓉芳　王新英/著

★

吉林文史出版社

前言

　　每个人的心中都多少有一点英雄情结，都向往英雄、景仰英雄。也正因此，在中华人民共和国建国六十周年之际，由中央十一部委联合组织开展的"100位为新中国成立作出突出贡献的英雄模范人物和100位新中国成立以来感动中国人物"的评选活动中，群众参与投票总数近一亿。这其中的每一张选票，都表达了人们对英雄模范的崇敬之情，寄托着对伟大祖国的美好祝福。

　　一个民族不能没有英雄，否则这个民族就不会强大。当国家危难之时，懦弱者选择了逃避、妥协甚至投降，英雄们却挺身而出，用热血捍卫民族的尊严，人民的幸福。在创立和建设新中国的伟大历程中，涌现出无数可歌可泣的英雄模范人物。他们之中，有为了民族独立和人民解放而英勇牺牲的革命先烈，有为了党和人民的事业而不懈奋斗的优秀共产党员，有在全民族抗战中顽强奋战、为国捐躯的爱国将士，有英勇杀敌的战斗英雄和革命群众，有积极从事进步活动的著名民主爱国人士和国际友人……他们是民族的脊梁、祖国的骄傲，是激励全体人民团结奋斗的精神力量。

　　《100位新中国成立以来感动中国人物》丛书，就像一部星光璀璨的英雄谱，真实、完整地记录了英雄模范人物不平凡的一生，再现了他们非凡的人格魅力和精神世界。舍身堵枪眼的黄继光，拼命也要拿下大油田的王进喜，中国原子弹之父邓稼先，新时期领导干部的楷模孔繁森……一串串闪光的名字，一个个动人的故事，犹如群星闪烁，光耀中华。

　　当今中国正处于伟大变革的时代，迫切需要涌现出一大批勇于承担历史使命、为祖国和人民奉献一切的先进人物。在"双百"人物崇高精神的引领下，在建设社会主义现代化国家的征程中，必将英雄辈出。

生平简介

　　1981年至1986年，中国女子排球队在世界杯、世界锦标赛和奥运会上五次蝉联世界冠军，成为世界排球史上第一支连续五次夺冠的队伍。

　　中国女排坚定"为国争光"的信念，刻苦训练，顽强拼搏。她们对发球、拦网等技术动作几乎每天都要练习成百上千次，对训练比赛造成的肩、腰等伤痛从不叫苦叫累。凭着坚韧的毅力，她们练就了过硬的技术本领，形成了以快速多变为主体、兼备高打强攻的独特风格。1981年第三届世界杯赛上，中国女排以七战全胜的战绩首次夺得世界冠军，开创了中国女排的新纪元。之后，中国女排再接再厉，不屈不挠，克服重重困难，相继蝉联1982年第九届世界女排锦标赛、1984年洛杉矶奥运会、1985年世界杯赛和第十届世界女排锦标赛冠军，完美地诠释了顽强拼搏、团结奋斗、无私奉献、为国争光的中华体育精神。中国女排夺冠后，五星红旗一次次升起、国歌一次次奏响的场景，让中华儿女热血沸腾。一时间，各行各业掀起了学习女排精神、发扬女排精神的热潮。"团结起来，振兴中华"的口号响彻神州大地。女排精神成为民族精神和时代精神的重要象征。中国女排五连冠群体为我国体育事业和社会主义现代化建设做出了重要贡献。女排精神至今仍然激励着中华各族儿女不断奋发向上，追求卓越。

中国女排五连冠群体
[ZHONGGUONVPAIWULIANGUANQUNTI]

▲中国女排五连冠群体

目 录 MULU

■摇篮情（代序）／ 001

■开拓篇／ 001

中国女排训练基地为何设在漳州／ 002

漳州，这座历史文化名城，粮丰鱼肥花香，佳果长年不断，气候四季如春。该地排球运动群众基础好，曾培养一大批国手、排球明星。中国女排在这里拼搏、起飞，夺取了世界大赛"五连冠"。

"竹棚精神"／ 007

漳州体育训练基地四周是一道围墙，墙内是一片宽阔的空地，中间有一座"竹棚馆"，馆内有6块场地。馆内的地面是以黄土、石灰、盐水夯实而成。赶上雨季，馆内潮湿，运动员一滚就是一身泥。

冠军从这里起步／ 014

中国女排教练、姑娘为什么亲切地称漳州是她们的"娘家"、"第二故乡"？因为中国女排在漳州重新组建，并以这支队伍，首次登上世界排坛的高峰，夺取了世界冠军。

编织"世界冠军摇篮"的人 / 019

钱家祥的一生是为我国排球事业奋斗的一生，他为我国排球冲出亚洲，走向世界，为中国女排取得世界大赛"五连冠"做出了重大贡献。

■拼搏篇 / 029

拼搏 / 030

1977年初，春回大地，万物复苏。中国女排姑娘迎着春光，第一次回师漳州练兵。

奉献精神永不过时 / 044

1994年3月6日，在漳州体育训练基地运动员宿舍楼会议室里，中国女排、中国青年女排、全国甲级女排200多名运动员和教练员、领队，在这里听郎平谈老女排夺取世界冠军的亲身体会，大家受到了很大的教育和启发。

难忘的拼搏之路 / 046

1991金秋十月，第一次夺冠的中国女排宿将和教练员怀着对往事的眷恋和对未来的憧憬，从四面八方风尘扑扑地回到了"娘家"——福建漳州体育训练基地，参加漳州为中国女排首次荣获世界冠军十周年而举办的纪念活动。

■星座篇 / 053

重聚"娘家"诉衷情 / 054

重聚在一起的首次夺冠的12名队员，在漳州体育训练基地互诉衷情，畅想未来。

女排宿将今何在 / 068

中国女排夺取世界大赛"五连冠"的辉煌战绩。这里有多少代排球教练、运动员付出的心血，几许风流，几多拼搏。昔日她们同在这个团结、战斗的集体里，如今，那些奋勇拼搏、为国争光的女排姑娘在哪里？

郎平在美国 / 071

1987年4月，"铁榔头"郎平从中国女排退役后，以公派自费留学的身份与丈夫白帆一起，到美国新墨西哥州大学读书。

曹慧英潇洒踏商海 / 078

中国女排夺取世界冠军的首任队长曹慧英，在袁伟民的建议下，选择了"下海"经商。

孙晋芳拼劲不减 / 088

曾经为中国女排首次夺取世界冠军立下汗马功劳的世界最佳二传手孙晋芳，退役后担任了江苏体委副主任，干起工作来还是那股子拼劲。

陈招娣"大姐"深情 / 092

身经百战的老将陈招娣，1981年在中国女排首次夺取世界冠军后退役。当时，她的身体却像一个散了骨架的破机器，腰伤严重已多年，又因"直肠类癌"做了两次手术。但这架机器仍在超负荷地运转，她始终没有离开排球。

周晓兰任重道远 / 098

周晓兰是中国女排"三连冠"队员，1984年奥运会后退役，先在上海体院国家教练干部进修班学习两年，毕业后于1986年出任国家体委排球处副处长、处长。

陈亚琼仍吃体育饭 / 105

1982年底，陈亚琼在全国人民还沉浸在庆祝中国女排第二次获得世界冠军的喜悦之中时，因为伤病，她悄悄地离开了这支与她同甘共苦的队伍。

"双珠"回"娘家" / 110

驰名中外的原中国女排名将、福建选手侯玉珠、郑美珠于1993年7月16日又回到女排娘家——漳州体育训练基地，参加福建女排集训，准备参加"七运会"的排球比赛。

苏惠娟的新追求 / 116

苏惠娟堪称中国女排"五朝元老",曾在袁伟民、邓若曾、张蓉芳、李耀先、胡进先后执教的中国女排整整干了十年。

巫丹打进"八佰伴" / 120

1985年进国家队的中国女排老将巫丹,参加过7次世界大赛。她和队友团结一致,奋力拼搏,夺取了1985、1986年两次世界冠军和两次世界亚军、一次世界第三名的好成绩。

■**五连冠阵容** / 123

■**后记　回望激情岁月** / 126

摇篮情（代序）

郎 平

1994年3月，我随"八佰伴"女排到漳州，参加"中国女排腾飞馆"的揭幕仪式。这期间，《闽南日报》记者罗如岗拿一本"中国女排在漳州"的见报剪贴本给我看，并谈到了他打算出一本《娘家·摇篮》的书，要我为其作序。

漳州是中国女排实现起飞的基地，是我们的"娘家"、第二故乡。要出一本反映中国女排在漳州的书，我由衷高兴，便一口答应了。

我翻阅了罗如岗的作品集，重温中国女排成长的历史。这本书以大的历史跨度，描绘中国女排在漳州挥洒汗水、艰苦磨砺的风霜岁月，并以许多鲜为人知的材料，翔实生动地反映了中国女排的拼搏精神，生活气息浓郁，富有真情实感，读之耳目一新。

《娘家·摇篮》共12万字，分为"开拓篇"、"拼搏篇"、"星座篇"三大部分。"开拓篇"记叙漳州体育训练基地的创立、全国女排第一次大集训和中国女排在漳州组建等历史性的过程；"拼搏篇"展现中国女排在艰苦条件下，刻苦训练、为国争光、奋力拼搏的精神风貌；"星座篇"主要反映中国女排新老队员成长的过程、生活轶事和帮助、关心、支持中国女排的一批"无名英雄"的通讯、报告文学。这部著作字里行间耐人寻味、发人深思，是对中国女排成长历程的总结回顾，也是对我们的鞭策，激励我们同心协力，为发展我国排球事业做出新的贡献。

漳州人民对中国女排有特殊的感情，罗如岗就是其中的一个。按他的话说："我对中国女排有特殊的感情，经常用女排的拼搏精神抢发新闻。"正是基于这种感情和精神，使得他的作品有独特的风格、质朴的语言，洋溢着一股奋发向上的力量。若不是作者与我们女排有着共同的"摇篮情"和他不辞辛苦地深入采访，反复提炼，是不可能写出这种蘸满感情色彩的语言的。

目前，中国女排在通往世界冠军的征途中遇到了一些挫折，要走出低谷，再度辉煌，需要有强大的精神支柱。《娘家·摇篮》出版，显然有其积极的意义，它必将激励着现今的中国女排发扬老女排的优良传统，奋力拼搏，重振昔日雄风;也必将激起社会各界读者对中国女排的理解、支持，为其出谋献策，共同将中国女排推上新的高峰。因此，我很乐意向海内外关心中国女排的热心读者推荐这本书。

开拓篇

➡️ 中国女排训练基地为何设在漳州

★★★★★

中国女排称雄世界排坛之后，漳州体育训练基地随之名扬天下，成为人们向往、探秘的"圣地"——大江南北，为何中国女排训练基地设在漳州？就此记者造访了许多有关编织"冠军摇篮"的人，以探明其中的"内幕"。

倒镜一：踏破铁鞋，四处寻觅，漳州建排球训练基地最合适。1972年，为发展排球事业，国家体委决定在我国南方建立一个排球训练基地。基地设在哪里合适？体育界人士持有不同看法。当时担任国家体委排球处处长的钱家祥决定成立一个排球基地选点组，兵分两路南下选点。一组是钱家祥带着国家体委有关人员查看南方几个省市；另一组是原国家男排副队长、主力二传张然等人直插漳州"侦察"。

钱家祥一行为选定基地地点折腾了几个月。有的地方条件具备，但拍板的领导不感兴趣，有的甚至问起建排球训练基地是否有利于学大寨；有的地方领导重视，但"先天不足"，条件不好。

张然到漳州，经过反复调查论证，以"领导重视，群众喜爱，气候宜人，物产丰富"16字概括漳州建排球训练基地的优越条件。同时，以在漳州这方土地上曾培养了徐莲蒲（原八一男排、中国男排著名主攻手）、林亚鸣（原中国男排著名主攻手）、郑宗源（原中国男排主力二传）等一批国手、排球明星为佐证，说明"排球之乡"地灵人杰，前途无量。

钱家祥听完张然的汇报，决定亲赴漳州查看。

漳州，这座历史文化名城，粮丰鱼肥花香，佳果长年不断，气候四季如春。该地排球运动群众基础好，曾培养一大批国手、排球明星。这得天独厚的优势，只要投资得好，就能建成一流的基地。回到北京，钱家祥将选点的情况和自己及行家的看法向领导作了汇报。国家体委经过认真研究，正式批准了在漳州建立排球训练基地的计划。

倒镜二：调兵遣将，突击搭起"竹棚馆"，全国12支男、女排开始第一次集训。1972年11月，钱家祥接受全国女排当年要开训的任务后，再也坐不住了。11月份12支队伍就要开进漳州，然而运动员吃住和训练场地都没有着落。他拿起电话，挂通福建，叮嘱福建体委和漳州体委领导要全力以赴，在28天之内建成8至12块冬训场地。随后，他也抵达漳州，坐镇指挥。

被称为"排球司令"的原漳州军分区司令员兼体委主任于克钊，带着姜凯、庄瑞渊、陈宗辉等人，调来千军万马，组织群众义务劳动，仅用23天，就盖起一座有6块"三合土"场地的"竹棚馆"，并整修附近4块场地。冬训队如期开进漳州，中国第一次排球大集训就这样在古城漳州拉开了帷幕，这就是后来体育界弘扬"竹棚精神"的来历。

倒镜三：大兵团练兵，队员们的技战术水平提高得很快，国家体委从中看到希望，开始投资兴建漳州排球训练基地。

"集训大练兵，为各种技战术风格提供舞台，为各队取长补短提供课堂。集训锻炼队伍，锻炼了教练。如果建立基地，坚持年年开训，那么数年后从此挑选人才，组成中国队，冲出亚洲、走向世界

△ 周总理亲切地接见女排姑娘

就大有希望。"这是冬训领导小组汇报材料中的一段话。

1973 年，国家体委开始正式投资兴建漳州排球训练基地。

倒镜四：年年开训，届届破纪录，新苗茁壮成长，漳州体训基地成为我国女排常年训练的"大本营"。漳州排球训练基地建成后，国家体委每年组织一次全国女排在漳州大会战。每次集训，各队来时的身体素质测验结果和集训结束成果检验的成绩对照，可谓判若两队；弹跳平均提高十几厘米，配合更加默契，新秀脱颖而出。年年集训，次次有新手在漳州打破身体素质测验的纪录。郎平、林国清、陈亚惠、肖建华等名将的摸高新纪录都在这里产生。国家队的选手都是经过漳州排球训练基地多年集训，打下牢固的基础，被挑选入队的。国内外许多排球专家、科研人员前来漳州探秘、考证，为何女排队员在漳州训练后弹跳提高，反应灵敏，身体趋向平衡? 有的说，这与漳州所处的地理经度有关；有的说，是与运动员吃了漳州甘蔗、芦柑、桂圆和天宝香蕉有关；有的专门研究了漳州体训基地食堂制定的"女排集训食谱"，确实有独到之处。

岁月如流，转眼四十年过去了。事实证明了当年编织"冠军摇篮"的人们的高瞻远瞩。现在具有现代化水平的漳州体训基地，已接待国内外排球队430多支、7800多人次。中国女排1976年在漳州重新组建，曾35次到这里集训，5次回"娘家"做客。她们在这里拼搏、起飞，夺取了世界大赛"五连冠"。前中国女排主教练袁伟民和中国女排姑娘们，都深情地称漳州体育训练基地是"中国女排的娘家"。

"竹棚精神"

——全国女排首次会师漳州纪实

★★★★★

南下的列车驶入八闽大地，一路的风光令人心旷神怡：潺潺的溪水环绕山角，沿着铁路，伴着旅客而行；宽阔的田野，麦苗、蔬菜翻腾着绿浪……然而，旅客中一队队身着运动服，背着一个个洁白排球的"高妹子"，却无意欣赏这美丽的田园风光。原来，这些"高妹子"是要到漳州参加全国女排大集训的，她们的心随着飞奔的列车，早已飞向漳州体育训练基地了。

一下车，她们便朝着漳州体训基地方向走

去……

这是 1972 年冬天，漳州体育训练基地四周是一道围墙，墙内是一片宽阔的空地，中间有一座"竹棚馆"，馆内有 6 块场地。这就是全国男、女排首次会师在排球训练基地"大练兵"的临时训练场地。

首次进"竹棚馆"训练的有北京体院青训二队和黑龙江、河南、陕西、江苏、辽宁队共 6 支女排与辽宁、江苏、山西、河南、北京青训队、福建 6 支男排。他们都是十五六岁的排坛新苗。这年集训，可谓白手起家，吃饭、休息在漳州财贸干校，训练在

△ 女排姑娘在训练

"竹棚馆"和附近的室外场地，中间要走十几分钟，队员们形容那时一天的行动是"打一枪换一个地方"。吃的水是驻漳空军某部用车到九龙江拉回的，洗漱用水是水井中带黄色的泥水，洗澡需要有人在外面"放哨"。从住处到"竹棚馆"，要爬过太平天国遗留的古城墙，还要经过一大片农田和一个连片的积粪坑。当时，有个队员夜间训练回宿舍时，就因走田埂路，分不清是田埂还是粪坑，一脚踩空而掉进积粪坑中。现在每年冬训时，大家谈到当年女排训练的艰苦条件，都会提到这件事。

生活条件艰苦，训练条件更艰苦。"竹棚馆"是用漳州本地竹竿为架，谷笪、油毛毡为顶，地面是黄土、石灰、盐水三者合一，夯实而成，俗称"三合土"。赶上雨季，"竹棚馆"内"三合土"潮湿，运动员一滚就是一身泥。队员多次翻滚，"三合土"一层层磨掉了，垫底的煤渣露出来了，划破运动员的大腿、肘部，睡觉时不能侧卧，衣服、床单与伤口渗出的淋巴液、血迹粘连，一动痛得钻心，一掀鲜血直流。陕西女排曹淑芳那年才16岁。她刻苦训练，作风顽强，在训练场上，一天不知要翻滚多少次去救险球，从训练场下来，她才发现自己两条腿麻木了。这是在翻滚时，沙子磨破她皮肤，嵌进她的血肉里，又肿又痛。教练把她送进驻军一七五医院治疗，医生用放大镜"探路"，从她身上取出近百粒沙子。医生取沙时，被小曹这种顽强拼搏、刻苦训练的精神感动，流下眼泪。就是在这种艰苦的条件下，我们排球健儿没有叫累、叫苦，没有人趴下。首次夺取世界

△ 女排姑娘在进行艰苦的训练

冠军的女排姑娘中，曹慧英、张蓉芳、郎平、周晓兰、陈招娣、孙晋芳、陈亚琼、张洁云等都在漳州体育训练基地洒下汗水、泪水和血水。首批参加漳州集训的胡进、汪嘉伟、徐真等男排健儿也在这里留下汗水和血水，后来，他们也成为中国排坛的明星。

中国排球队首次漳州大集训时，虽然只有一座"竹棚馆"，条件很艰苦，但当时女排姑娘提出"滚上一身泥，磨去几层皮，苦练技战术，立志攀高峰"的口号，卧薪尝胆，强化训练。当时给人们印象最深的是陕西队刻苦训练的顽强作风。这个队基础最差，全国比赛总是垫底。新教头林岐锡率队到漳州参加集训，他本着"取人之长，补己之短"的原则，从防守抓起，全面提高技战术水平，力争三五年赶上全国先进水平。他说到做到，抓队伍训练又严又狠，持之以恒，正课时间练，课余时间练；白天练，晚上也练。一次，队伍到漳州驻军空军某部举行表演赛，比赛结束后，部队领导考虑她们返回路程有十几里路，便派一辆车送她们回家。而林教练把队员的衣服和球丢在车上，自己则领着队员跑步回到基地。许多队员跑回家时，累得连衣服、鞋子都没脱就躺在床上睡着了。林岐锡对记者说，当时这样做是狠了点，但汗水没有白流，我们发扬"竹棚精神"，苦练5年，终于登上全国冠军的宝座。

首次会师漳州，"比、学、赶、帮、超"是这次集训的一个特点，大家比着练，水平提高很快，越练越带劲。1973年3月8日，黑龙江领队心想，冬训从去年11月底开始到现在，除春节休息一天外，其他训练日程安排满满的，三八妇女节应该让队员过过自己的节日，便于这天下午放了半天假。姑娘们高兴地上街游览去了。然而，负责漳州冬训的国家体委排球处处长钱家祥"查岗"来了，在他的责问下，黑龙江领队一边道歉，一边保证："下午放假的半天，晚上我们一定补回来！"

当晚，黑龙江领队把队伍拉进"竹棚馆"，灯下，姑娘们练一传、防守、扣球……下半夜2点了，星星闪烁，人们已进入梦乡，钱家祥来到"竹棚

△ 女排姑娘在教练的指导下进行训练

馆"，检查黑龙江队的补课。只见姑娘们在领队、教练的带领下，不顾已练多时的疲劳，仍在地上翻滚、扑救、扣球，汗水掺着血水斑斑点点滴在地上……

东方露白了，黑龙江女排彻夜不眠，顽强拼搏的精神深深感动了开始早训的其他队姑娘们。她们也投入紧张的训练。据漳州体训基地老工作者介绍，这一次全国排球漳州大会战就创下无假日的先例。

漳州，四个半月的冬训，结出令人欣慰的丰硕果实。原来基础较差的陕西队赶上来了，其他队的水平也大大提高了。为了证明这一点，国家体委特意把未到漳州集训、在全国水平比较高的北京、上海、天津队三支女排拉到漳州参加比赛。结果是：参加集训的队打赢了没有参加集训的队，原来落后的队超过了原来水平高的队。北京、上海、天津三个队却落到最后三名的行列。她们吃惊了，最后大家形成共识：集中排球队伍训练，从青少年抓起，将来后发制人，这种大会战是正确的。实践也证明当年这种做法是正确的。

如今每年一次全国女排大集训，就是从 1972 年漳州大会战集训一直延续下来的，许多训练方法也是那次总结出来，加以不断完善的。首次带领队伍参加漳州集训的原江苏队教练、中国排球教练委员会原主任、国际排联高级讲师张然和陕西女排原主教练、原福建体院教授林岐锡都认为，首次漳州大集训、大练兵，总结出一条成功的经验，特别是那"竹棚精神"成为后来体育界弘扬的艰苦奋斗精神，整整鼓舞和教育着一代排坛新人，也为中国女排夺取"五连冠"铺设了奠基石。

→ 冠军从这里起步

——首次夺冠的中国女排在漳州组建

★★★★☆

　　中国女排教练、姑娘为什么亲切地称漳州是她们的"娘家"、"第二故乡"？因为中国女排在漳州重新组建，并以这一支队伍，首次登上世界排坛的高峰，夺取了世界冠军。

　　1976年春天，全国女排在漳州进行第五次大会战。这时，漳州体育训练基地已有3座室内训练馆、9块木制板场地、1座健身房、1座运动员宿舍楼，运动队吃、住、训练都在这个女排训练的"大本营"，生活设施配套齐全。这年集训共有

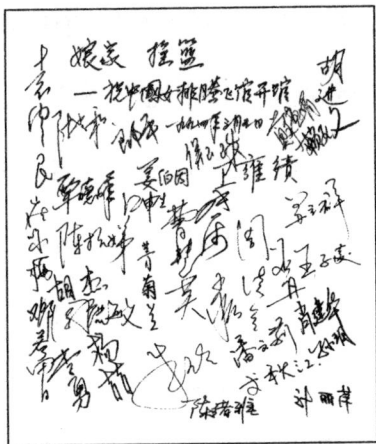

12 支女排参加，运动员近 200 名。这些队员经过 5 次漳州大练兵，走向成熟。国家体委决定重新组建中国女排，由原中国男排主力二传袁伟民挂帅。袁伟民走马上任，赶赴漳州选兵组队。

南下的火车在奔驰着，37 岁的袁伟民坐在车上思绪万千：50 年代后期前苏联女排以进攻型得势称霸世界排坛。1962 年后，日本女排以进攻快速、技术全面、防守顽强的绝招打破前苏联女排的垄断，并以"东洋魔女"之称，占据世界排坛高峰整整 8 年。中国女排由于种种原因，这时的比赛成绩在世界上只能排第 14 位。这不是受命于危难之际吗？善于动脑筋的袁伟民变压力为动力，他暗下决心，吸取世界强队的长处，组成自己的队伍，形成自己的风格，将来打出中国的威风，登上世界排坛的高峰。袁伟民是以此为奋斗目标来漳州选兵组队的。

一到漳州，袁伟民就开始了紧张的工作，有时到各队"探秘"，有时找各队教头要人，有时到训练场边现场"侦察"。经过几天的挑选，袁伟民的笔记本里勾勾划划，红笔加圈，选中的名单共有12人。她们是：八一队曹慧英（副攻）、陈招娣（接应二传）、杨希（主攻）、沈善英（主攻）、江苏队孙晋芳（二传）、张洁云（二传）、四川队张蓉芳（主攻）、北京队李文秀（主攻）、山东队王嘉勤（二传）、陕西队曹淑芳（副攻）、辽宁队齐丽霞（副攻）、浙江队施美莲（主攻）。平均年龄20岁，身高1.766米，是一支很年轻的队伍。当时，有人表示怀疑：全是初出茅庐的新手，她们靠得住吗? 袁伟民却胸有成竹，他是用发展的战略眼光挑选人才的，目标是3年打基础，5年出成果。挑选年轻队员潜力大，希望大，当然是正确的。

话是这么说，但袁伟民压力可不小。他把选中的队员名单通知到各集训队，要求队员在漳州集训结束后，赶到北京集中训练。可眼下离集训结束还有一段时间，不能不练啊。袁伟民采取队员吃住仍在各队，正课时间集中训练的办法，有时练身体素质，有时练基本技术，有时在训练场上练扣球，开始"游击战"式的初训。

袁伟民是我国排坛著名的二传手，他懂得"二传"是整个排球队的"灵魂"。他挑选的孙晋芳、张洁云两名二传手，是1971年进江苏队的，经过教练的严格训练，有一定基础。漳州集训时，又经过袁伟民的老师、

△ 袁伟民教练在给女排队员指导战术

江苏女排主教练张然的精心加工，这两名二传手可谓"炉火纯青"。袁伟民决定亲自抓一下孙晋芳的训练。

这天晚上，孙晋芳在运动员宿舍楼 401 房间里睡得正香……

砰！砰！砰！急促的敲门声惊醒了熟睡的孙晋芳。

"上训练场去。"袁伟民在门外说着。

孙晋芳听到是袁教练的声音，一骨碌从床上爬

△ 1981年中国女排姑娘首次登上世界杯冠军领奖台

起来，穿好衣服，跟着袁教练来到漳州体育场的跑道上。可队员就她一人，孙晋芳不解地问："就我一人，练什么呀？"

袁伟民看出孙晋芳的心思，便带着孙晋芳在跑道上边跑边开导："拳不离手，曲不离口。一天不练就要落后，一个好运动员，必须随时和惰性斗争，战胜自己……"

袁伟民这一番话一直鼓舞着孙晋芳在排球生涯里奋力拼搏。据漳州体育训练基地的老工作者说，孙晋芳在漳州被选进国家队后，课余时间，经常在走廊上对着墙练二传技术，有时练到很晚很晚。后来，她终于练成世界著名的二传手。

袁伟民 1976 年在漳州挑选的这批精兵，经过两三年的训练，逐步形成核心力量。后来又充实郎平、周晓兰、陈亚琼等名将，中国女排如虎添翼，终于在 1981 年 11 月首次登上世界冠军的宝座。女排姑娘回顾她们成长过程时说，我们夺取世界冠军是从漳州起步的。

→ 编织"世界冠军摇篮"的人

——全国女排首次会师漳州纪实

★★★★★

马年新春，"世界冠军摇篮"——漳州体育训练基地又开始迎接全国甲级女排冬训。当工作人员为"排球之星"钱家祥整理床铺,等待他再来为女排训练"摆兵布阵"时,突然传来钱家祥在北京逝世的噩耗。大家停止了手中的活,悲痛得久久说不出话来,和老钱搭档的冬训领导小组成员放下手中准备和他一起研究的冬训计划、教案,自觉地凑在一起,朝北默哀……次日,在第十七届全国重点甲级女排冬训的动员大会上,第一个项目:全体人员肃然起立,为老钱默哀……

科学练兵"严"字当头

1972年11月,全国12支男、女排云集漳州大练兵。如何提高训练质量?钱家祥请能人献计献策,从几十条建议中概括出科学地提高技战术水平的六字练兵方法,即"专练"、"合练"、"赛练"结合。

专练,就是把各队各号位选手集中在一起,由训练组挑选专长教练进行专位、专项强化训练。

合练,是由两个队以上的一起进行对抗、防反对抗训练,磨炼双方队员抗衡毅力,提高技战术水平。

赛练结合,每周末组织一次比赛,检验各队训练效果,形成打打比比、比比打打的冬训比赛制度。

这一套以练为主、以赛促练、练赛结合的女排冬训法,从1972年漳州基地第一次集训到现在，一直保持着。

4 年的漳州冬训，中国排坛技战术水平突飞猛进，重新组建国家女排的时机成熟了。

1976 年春天，国家女排教练袁伟民和男排教练戴廷斌，分别来到漳州基地选将组队。钱家祥动员各队树立全国一盘棋的思想，积极为国家队输送人才。国家女排首次登上世界排坛巅峰的队伍中，就有参加漳州基地首批集训的曹慧英、陈招娣、杨希等。中国男排首次冲出亚洲阵容中的汪嘉伟、徐真、郭明、沈富麟等也是漳州基地首批集训的精兵。

钱家祥抓训练，注重相互交流，引进先进技术。1980 年，山田重雄带领日本国家女排二队访华来漳州。国家体委调集 6 支甲级女排迎战日本女队。双方交手后，开头我方 6 个队全胜，但没几天，中方一场不如一场。虽然总成绩以十七胜七负告终，但日本的体力和短期进步之快却让大家吃惊。抓住这个机会，钱家祥把学习日本队的大运动量训练的吃苦精神，引入中国排球

△ 钱家祥

训练中。

1988年冬训，密切注视世界排坛技术发展动向的钱家祥，在分析当时我国女排现状的基础上，提出"十大训练法"，即高（高标准）、严（严要求、严格训练、严格管理）、难（从难从严）、实（从实际出发）、大（大运动量的科学训练）、苦（吃大苦、耐大劳）、学（学习科学文化知识）、创（创新革新）、全（全国一盘棋）、保（后勤保障）。实施"十大训练法"后，各路教头认为这是提高我国排球水平的有效手段，有的称之为"十全大补"。《中国排球》杂志等刊物分别刊登介绍这一训练法。

钱家祥在漳州基地抓科学训练，又严格抓队伍管理。只要他来到漳州基地，每天都深入训练场，了解情况，发现问题，及时解决。1980年冬训，一个新上任的主教练带队放松要求，他马上叫这个队停止训练，进行整顿，并严肃批评教练不负责的错误。深受触动的教练在以后的训练中，严格要求，严格管理，在冬训结束的抽查评比中，该队成绩名列前茅，不久晋升为甲级队。这个教练常说："是钱指导教我学会当教练。"四川女排回顾老钱的"严令"，称他"钱

△ 女排集体参加冬训动员大会

指导"、"第八教练"。北京女排更没有忘记他严父慈母般的教导，称他是"钱大哥"。福建女排老教练陈玉霖回忆钱家祥在基地处处以身作则和严格管理队伍的情景时，感慨地说："钱家祥指导是我们教练员的楷模。"

和风细雨　弦拨心曲

漳州基地匆匆上马，条件差，训练十分艰苦，有些运动员偷偷流泪。遇上春节，就有更多的姑娘想家流泪了。钱家祥一边和教练一起做姑娘们

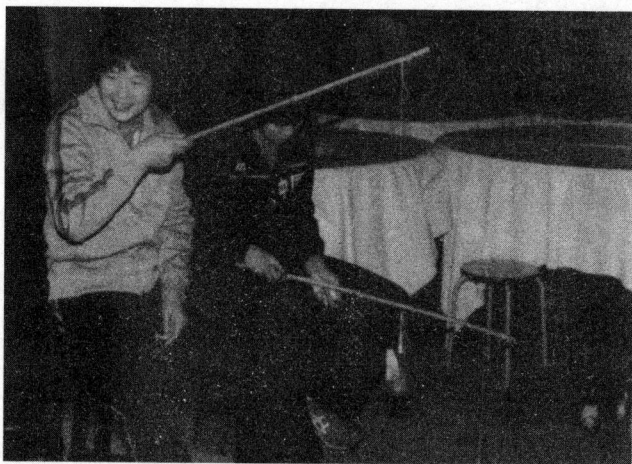

△ 女排队员难得的休闲时间

的思想工作，一边安排文娱活动。新春晚会上，姑娘们自编自演节目，他也登台表演，逗得姑娘们捧腹大笑。节日欢乐使她们忘记想家。后来，基地就把冬训的春节文艺晚会和文娱活动列入冬训计划，年年保持下来。

通过这件事钱家祥意识到要搞好冬训，必须有强有力的思想政治工作作保障。

训练场上，钱家祥要求领队、教练、陪练员身先士卒，和队员一块摸爬滚打，奋力拼搏。训练场外，要求大家相互谈心，交流思想，切磋球艺。晚上，开展文娱活动或组织读报、学习文化等等，让大家增加知识，了解国家大事，激发爱国热情，自觉刻苦练兵。同时，在场地的墙壁上贴上适应各时期训练的口号。1979年，中国女排为冲出亚洲，设敌为日本、南朝鲜队。钱家祥就把"横下一条心，苦战三五年，打败日本、南朝鲜"的口号贴在训练馆地的墙壁上，鼓舞女排姑娘奋力拼搏的士气。中国女排冲出亚洲，走向世界后，许多排球界人士认为，当年这些口号很有号召力。

为了培养运动员的爱国主义和为人民服务的思想，从70年代开始，冬训中就注意开展学雷锋、树新风活动和学军活动。1974年，他亲自组织女排姑娘到车站、街道打扫卫生，帮助旅客做好事；到驻地部队参观军事表演或请部队官兵、飞行员到基地参观女排训练。

△ 女排队员参加联欢会

魂系排球 奋斗不息

钱家祥来到漳州训练基地十几届，有十个春节在基地和女排姑娘一起度过。1984年春节前夕，冬训正值高潮，老钱因通宵达旦起草冬训计划、教案，心脏病复发，被送往驻军一七五医院。病刚有好转，他就把医院里的电话变为"摇篮指挥电台"，一天到晚配合着基地冬训领导小组指挥女排大练兵。

1988年奥运会上，中国女排失利了。这年冬训的领导小组由周晓兰首次负责。周晓兰决定把老专家请到漳州基地坐镇指挥，强化练兵，重振女排雄风。已从排球处长职位引退的钱家祥本可在京疗养治病，安享晚年，但排球之恋促使他奔赴漳州。妻子、儿女恳求他春节一定回北京过，因为一家人已有十几年没有在北京过团圆年了。眼瞅着春节到了，基地的同志替老钱买好大年二十九回北京的飞机票。但他听说国家体委副主任袁伟民要到漳州和女排一起过年，并且要对冬训提出新的要求，就几次下"命令"退掉回京的飞机票，继续留在基地抓冬训。家人望眼欲穿，几度到机场迎接他。和往年一样，全家又过了一个未团圆的年。

1989 年冬训，领导征求钱家祥意见，能否继续到漳州为全国青年女排第十七届集训作动员，他满口答应了。到漳州基地，行李一放，就去看场地，布置准备工作。开训那天，他作了生动的动员报告。冬训进入轨道后，他赶回国家体委，汇报冬训的情况。袁伟民和他谈起在漳州办中国女子排球学校的设想。1990 年春节，他赴印尼雅加达参加亚排联委员会会议。大年初三返回途中，他专程取道广州，奔赴深圳、台山等地为举办中国女子排球学校筹集资金。汽车的颠簸，旅途的疲劳，使他的心脏病再次复发，回京第四天就离开了人间。弥留之际，口里还念着排球、排球……

1990 年 2 月 24 日，中国排球事业的开拓者之一——钱家祥的英灵安息仪式在漳州体育训练基地举行。随后，由钱家祥的夫人林宏珠将钱家祥的骨灰撒在漳州体育训练基地。

钱家祥1926年出生于浙江省嘉善县，曾任中国女排教练、中国排球协会副主席、亚洲排球联合会竞赛委员会主席、国家体委排球处处长、《中国排球》杂志副主编。

钱家祥的一生是为我国排球事业奋斗的一生。他以高度的政治热情、强烈的事业心和责任感为实现贺龙同志"三大球不翻身，死不瞑目"的夙愿奋斗不息。积极参与制定我国排球技战术指导思想，创建漳州排球训练基地，为迅速提高全国排球训练水平付出了巨大心血，为我国排球冲出亚洲，走向世界，为中国女排取得世界大赛"五连冠"做出了重大的贡献。

拼搏篇

⊙→ 拼　搏

——漳州五次关键训练回眸

★★★★☆

一

1977年初，春回大地，万物复苏。中国女排姑娘迎着初露的春光，第一次回师漳州练兵。

这次，中国女排和10支全国甲级女排云集漳州，交流经验，切磋球艺。她们珍惜时机，抓紧训练，每天训练在8个小时以上，早上还要出早操，练体力。人们常常看到曹慧英队长领着队员从漳州体育场跑出来，沿着新华北路—厦门路—延安南路，再返回体训基地，一路奔跑，洒下汗水，留下足迹。

训练场上，袁伟民坚持把"高、快、攻、防"的战术思想贯穿于训练全过程，练进攻，有高点强攻，也有"短平快"，有"中路开花"，也有两侧突围；练防守，有单人拦网、双人拦网，前排有一排排城墙，后排有一道道防线。主力阵容也基本确定：身高1.80米、11岁拜师练武、来自河北滦南县的农村姑娘曹慧英任队长，队员们亲切称她为"大姐"；孙晋芳任主力二传，在场上"穿针引线"，成为全队的"灵魂"；张蓉芳、杨希充当"主炮手"；老将齐丽霞把守中路打副攻；反应灵敏、移动快速的陈招娣站在接应二传的位置上。

中国女排这次在漳州集训的顽强作风给人们留下深刻的印象。顶梁柱曹慧英在练"短平快"扣球和拦网时，经常"自找苦吃"，加班加点

△ 队员在加强扣杀球练习

△ 女排姑娘训练中的击球瞬间

练。有一次，队里在进行防守训练，教练挥臂扣来一个开网球，曹慧英从 2 号位起跳后向 3 号位移动封网，由于移动过大，重心不稳，伸手慢些，球从她两手中间穿过，打到她的脸上，痛得她眼冒金星。可她揉揉脸，打起精神又继续练。她明白自己是队长，若轻伤就下火线，在队中如何起带头作用？因此，她咬着牙，坚持到这堂训练课结束。从训练场下来，她脸肿得叫人认不出来。曹慧英就是这样，处处以身作则，带头苦练，受人敬佩。

身高 1.74 米的"川妹子"张蓉芳拼劲十足，从不服输。上训练场，她不甘落后，别人能练到的技术，她一定要练到手，别人练不到的，她也要闯一闯。这种好强的性格确实让人叹服。姑娘们叫她"毛毛"，意思是说她有"野小子"的性格和作风。也正是她的"毛"劲，才被袁伟民委任为主攻手。

二

星移斗转，时光如梭。1978 年的春天又到了。

中国女排再次回到"娘家"。这是她们第二次回漳州练兵，旨在调整阵容，充实力量。

原来，中国女排经袁伟民严格训练，技战术水平提高很快，已具备问鼎世界排坛的实力。但来到漳州之前，在北京举行的一场国际女排赛中，曹慧英做赛前活动准备时胫骨断裂，住进了医院。接着，中国女排在出访途中，又遇车祸，几名主力队员受伤治疗。因此，袁伟民当机立断，来到漳州，从在此集训的各省市队中挑选精兵，充实队伍力量。"铁榔头"郎平、"天安门城墙"周晓兰、"钢铁将军"陈亚琼、"小伙子"郑美珠和梁艳、朱玲、周鹿敏就是在这期间入队的。

郎平14岁开始打排球，1976年进入北京青训队，她随队第一次到漳州集训时，看到中国女排在漳州组队的情景，就立下要打进国家队，为祖国打球、为祖国争光的决心。冬训中，郎平刻苦训练，从不偷懒。一次练扣球时，她练了两个多小时，由于过度疲劳，突然脸色苍白，嘴唇发紫，当场休克，倒在训练场上。她上进心强，一上训练场就想练球，一上赛场就想赢球，技术水平提高很快。冬训3个月结束后，郎平身高从1.78米长高到1.84米，弹跳力提高了10多厘米。袁伟民当即招进这个得意门生，并将只有两年球龄的郎平推到老将杨希主攻手的位置上磨炼。

中国女排这回在漳州集训60天，一边挑选队员，一边集训，既加

△ 郎平在赛场上奋勇救球

强了新老队员配合，又提高了整体实力。

中国女排结束漳州集训回北京后不久，袁伟民收到来自福建女排的一封自荐信。这个毛遂自荐者便是闽南姑娘陈亚琼。她原是永春女篮队员，后改练排球。陈亚琼有男队员的好身材，她的鱼跃救球和移动起跳拦网有独到之处。袁伟民收下陈亚琼后，把她放在曹慧英的位置上，发挥她男式的看家本领。

中国女排 1976 年在漳州组建后，两次回漳州训练，并发扬漳州体训基地"竹棚精神"，刻苦训练，实力大增。1981 年 11 月 16 日，中国女排在第三届世界杯女排赛上，一路"过关斩将"，夺得世界冠军，登上世界排坛巅峰，实现几代排球界人士的心愿。举国上下，盛赞女排姑娘为祖国奋力拼搏的精神。《人民日报》发表社论，号召全国人民"学习女排，振兴中华"。

中国女排回到北京，漳州市委、市政府和漳州体训基地派专人赴京，送去女排姑娘最喜欢吃的漳州芦柑、天宝香蕉以及女排姑娘最欣赏的漳州水仙花，代表全市人民向女排健儿表示热烈的祝贺和亲切的慰问，也表达了"娘家"人对中国女排的一片深情。

△ 1981年中国女排在日本获第三届世界杯冠军

三

　　"夺江山容易，保江山难。"首次夺取世界冠军的中国女排于 1982 年 5 月，再次回到"娘家"，这是中国女排第三次回漳州，旨在为同年 9 月份在秘鲁举行的第九届世界女排锦标赛夺冠做准备。

　　漳州人民像欢迎亲人一样，欢迎"女儿"回"娘家"。据体训基地老工作人员回顾说，这次中国女排返漳是为了恢复元气。因为队里的老队员长年摔打，大多数队员身上伤痕累累：曹慧英膝关节中装着钢丝；陈亚琼腰伤复发；孙晋芳椎间盘突

△ 原福建省委书记项英南到基地慰问

出；陈招娣椎弓崩裂；张蓉芳肩、腰多处劳损……她们从1972年漳州集训开始以来，多次参加集训，深知漳州气候、饮食、居住等条件最适宜运动队训练。漳州体训基地工作人员和漳州人民明白女排姑娘这回返家的目的，是重整旗鼓，再夺冠军。大家全力以赴，为女排做好一切后勤保障工作，创造最好的条件。

袁伟民除抓队员恢复元气外，在战术训练上也有新的妙计，将身高1.72米的福建姑娘郑美珠调进国家队，以适时替补老将陈招娣。为达到预期目的，袁伟民对郑美珠进行"特殊训练"。一天晚上8时多，在2号馆里，袁伟民把球抛到距郑美珠两米多的网上，郑美珠要冲上去把球在3号位扣下，然后又要跑到2号位将教练抛来的"背溜球"击过网。这一前一后，一进一退，一左一右，来回奔跑，摔倒了又爬起来，练得郑美珠汗流浃背也完不成教练规定的指标。在场看训练的炊事班长严文忠想起医生嘱托：郑美珠近期血色素偏低，要多吃猪肝少训练。而眼下的郑美珠练得快趴下了。严文忠心一软，双眼泪涌，再也控制不住了，冲进场内拉着教练的手，为小郑求情免练……

毅力坚强的郑美珠不但没有退场，而且信心倍增。她抹掉脸上的汗水和泪水，跃步上网，声东击西，前扣后防，终于完成了袁教练规定的"特殊训练"指标。

中国女排经漳州集训，队员身体素质和技战术水平有了明显提高，

△ 1982年世界锦标赛冠军中国女排全体队员

在9月份在秘鲁举行的世界女排锦标赛中，老将宝刀不老，新兵表现上乘，又战胜各洲劲旅，再次夺取世界冠军。

中国女排两次夺取世界冠军，震动世界排坛。能不能连续第三次夺取世界冠军？全国人民关注着，袁伟民在思考着。让袁伟民最担心的是曹慧英、孙晋芳、陈招娣、陈亚琼、杨希五员大将光荣解甲了，新手来自哪里呢？

四

1983春节前夕，中国女排再次开进漳州，这是

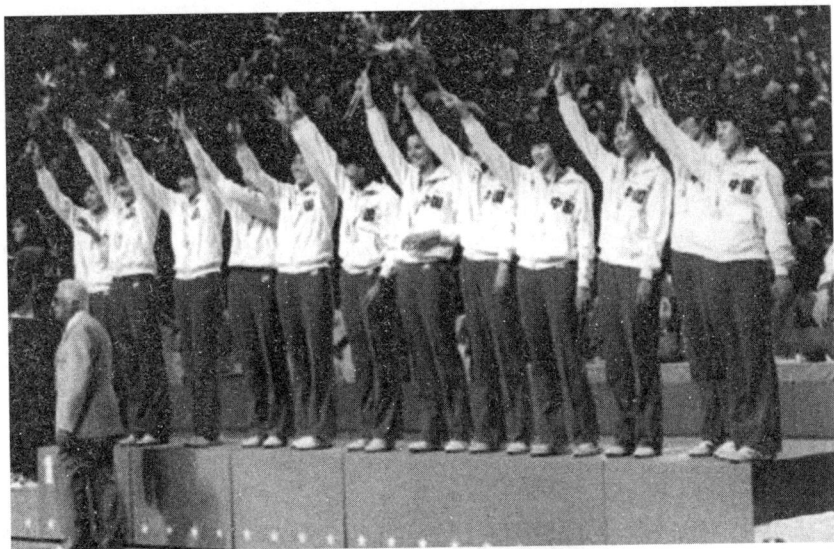

△ 1984年在第23届洛杉矶奥运会上

第四次回漳州。她们一进"娘家"门，漳州基地工作人员一眼认出5张新面孔，她们是：多年在漳州集训的八一队杨锡兰、李延军，河北队苏惠娟，北京队杨晓君，辽宁队姜英。队长由张蓉芳接任，郎平任副队长。过了不久，福建女排侯玉珠也入选中国女排。

这年是轮空年，无世界排球大赛，袁伟民抓住间隙，进行阵容调整，并"关起门"来全面打基础，练战术配合，提高全队实力，为夺取第二年在美国洛杉矶举行的第23届奥运会冠军做准备。这次漳州集训，运动量超过往年，每天训练在9个小时以上。经过37天的刻苦训练，全队打牢了基础。第二年，在漳州"换血"，新阵容的中国女排又在第23届奥运会上技压群芳，登上世界冠军的领奖台，实现了"三连冠"的愿望。

五

1985年，新年的钟声刚刚敲响，中国女排第五次飞抵"娘家"训练。

此次来漳州训练的中国女排已易帅换将，主教练是邓若曾，胡进、江申生担任助理教练。张蓉芳等退役，郎平出任第四任队长。为增强网上实力，那时在漳州体训基地创下摸高第一的福建女排林国清被邓若曾看中，调进国家队，以提高全队拦网实力。

△ 1985年，原国务院副总理万里到漳州排球基地视察

邓若曾与袁伟民从当队员到当教练搭档十几年，他们同甘共苦，率领中国女排奋力拼搏，取得世界大赛"三连冠"。不过，他过去是当配角，现在挑起世界冠军队主帅的

担子。他把压力变为动力，坚持以世界冠军队的标准，严格训练，严格要求，加强管理，决心夺取世界"四连冠"。

训练场上，邓若曾时而抓主力队员的重点训练，时而抓替补队员的基础训练。胡进、江申生根据邓若曾的训练意图，一环扣一环，强化队员训练，规定时间完不成训练的，还要坚持补课。陈忠和模拟世界强队主攻手在对方扣球。老队员郎平、杨锡兰、郑美珠、侯玉珠、梁艳等达不到内控训练指标照样挨罚。在一天防守训练时，被称为"黑娃"的梁艳扑救陈忠和从三米线扣来的"远程炮"时，动作十分漂亮，在场观众拍手叫绝。可邓若曾却叫暂停，

△ 女排队员在进行体能训练

走进场内严肃地对梁艳说："这个球虽然救起来了，但质量不高，很难组织进攻，要重来！"说罢，便组织三名男式炮手在2号位进行强攻，"惩罚"得梁艳全身衣服都被汗水湿透……

训练场外，邓若曾深入细致地做好队员的思想工作。他明白，中国女排已夺取"三连冠"，骄兵必败。他在队中以"防骄"为主，找一个个队员谈心，并发挥共产党员的先锋模范作用，使全体队员戒骄戒躁，团结一致，强化训练，奋力拼搏，实力大增，下半年又夺取了世界冠军，实现了"四连冠"。后来又夺取了"五连冠"。

中国女排夺取世界大赛"五连冠"，震动世界，鼓舞着全国人民。女排姑娘却说，这是与全国人民的支持分不开的，特别是漳州人民的全力支持。漳州人民对中国女排有着特殊感情，决定在1982年2月23日至25日，中国女排第五次回漳州训练期间，举办"排球热心者大联欢"活动，以纪念中国女排为祖国争光的光辉业绩，表达漳州人民对中

△ 1985年中央政治局委员胡乔木（右二）出席"三连冠"塑像奠基典礼

国女排姑娘的深厚感情。在这个活动期间，中国女排"三连冠"纪念碑塑像同时奠基。

大联欢活动共进行 3 天，秦怡、宋世雄等知名人士和"香港中国女排球迷会"代表以及海内外嘉宾 400 多人参加这次活动。刚刚担任国家体委副主任的袁伟民也专程从北京赶到漳州。中共中央政治局常委胡乔木为"中国女排'三连冠'塑像"奠基剪彩。郎平代表夺取世界"三连冠"的全体队员在奠基仪式上说："中国女排是在漳州组建、起飞的，纪念碑虽然以女排的形

△ 1985年落成的中国女排"三连冠"纪念碑

象出现，但体现了整个中华民族的精神……"

袁伟民亲笔题词："中国女排崛起世界排坛，是和漳州体训基地的建立分不开的。中国女排队员对漳州怀有深情厚意，因为，她们是在这里起步、腾飞的；漳州体训基地的每一块训练场地，都留下她们顽强拼搏的足迹，洒下她们摸爬滚打的汗水。漳州是中国女排的'娘家'、'世界冠军摇篮'。"

➡ 奉献精神永不过时

——郎平现身说法

★★★★★

1994 年 3 月 6 日，在漳州体育训练基地运动员宿舍楼会议室里，中国女排、中国青年女排、全国甲级女排 200 多名"高妹子"和教练员、领队，在这里听郎平谈老女排夺取世界冠军的亲身体会，大家受到了很大的教育和启发。

郎平在谈到自己夺取冠军之路的艰难历程时说，运动员要有一个奋斗目标，没有目标，一旦遇到困难就会打"退堂鼓"。我14岁开始打排球，就想进国家队，为祖国争光。当时老队员曹慧英、孙晋芳、陈招娣、陈亚琼等就是以这种奋斗目标，激励着自己刻苦训练，克服许许多多困难，使我们登上世界冠军的领奖台。

在谈到团结协作、奋力拼搏时，郎平说，一支排球队要夺取冠军，心要往一处想，劲要往一处使，要有一条心，一个共同的奋斗目标。当年，我们夺取亚洲锦标赛冠军后，就提出冲出亚洲，走向世界的奋斗目标。大家齐心协力，奋力拼搏，教练严格要求，经常对我们补课、罚练，大家都挺过来了，在比赛场上，大家只有一个念头：赢球。

郎平说，现在队员身材条件、训练条件都比我们那批好，希望大家珍惜时间，不能放松。一不抓紧，一两年就过去了。郎平还说，人的精神是很重要的。当时我们没有什么金钱引诱，工资每月30多元钱，也没有奖金。在这种情况下，大家只有一个目标，要夺取世界冠军，为祖国争光。这种奉献精神，不管到哪个年代都不会过时。

难忘的拼搏之路

——中国女排首次夺冠十周年纪念活动纪实

★ ★ ★ ★ ☆

1991 年金秋十月，第一次夺冠的中国女排宿将和教练员怀着对往事的眷恋和对未来的憧憬，从四面八方风尘仆仆地回到了"娘家"——福建省漳州体育训练基地，参加漳州为中国女排首次荣获世界冠军十周年而举办的纪念活动。

当年的女排教练邓若曾，女排宿将郎平、张蓉芳、孙晋芳、陈亚琼、陈招娣，曹慧英、杨希、梁艳等 12 名教练员、运动员于 10 月 17 日下午一踏上漳州这块土地，就倍感"娘家"的温暖……

说不出的欢喜，道不尽的思念。"漳州排球基地我们又回来了！久违了，亲爱的漳州人民！"

是啊，悠悠岁月在女排宿将们光荣解甲、各奔前程中悄悄流逝。但是，当年的女排姑娘们无论走到天涯海角，她们总是没有忘记这水仙飘香的漳州古城；她们始终没有忘记，伴她们腾飞的漳州训练基地。

昔日沙场同甘苦，今日难得喜相逢。尽管女排宿将如今天各一方，但谁也不愿意错过在"娘家"团聚的机会：郎平在美国深造，特请一星期假，参加这一活动；孙晋芳在北京治疗伤病，"人逢喜事精神爽"，一听到要回到"娘家"，她病好了三分，毅然决定来漳州；陈亚琼是新华社香港分社文体部副部长，她把工作做了调整，也回到"娘家"来了；时任中国女排领队陈招娣工作很忙，任务很重，因中国女排 11 月份要赴她们首次夺冠之地——日本，参加世界杯女排赛，这是重夺金牌的契机，她和教练们正紧锣密鼓地组织队员厉兵秣马。老女排要相聚漳州，她马上决定参加，一可会见老战友，二可把老女排"竹棚精神"带给年轻的队员，鼓舞士气，有助于训练。

纪念中国女排首次荣获世界冠军十周年的座谈会拉开了序幕，原国家体委副主任陈先和福建省领导、省体委领导、漳州党政军领导以及港澳、台湾同胞和海外侨胞等有关人士、部分排球热心者同女排宿将欢聚一堂，畅叙离别之情，回顾在漳州体训基地组队训练的光辉历程。

1973 年，国家体委投资兴建漳州排球训练基地的 4 个训练馆、11

△ 女排老将欢聚漳州参加中国女排首次夺冠十周年纪念活动

个场地，可同时进行 13 个队的训练。全国重点男、女排每年都在水仙盛开的季节，来这里进行冬季训练。

四年的漳州冬训，中国女子排球的技战术水平突飞猛进，重新组建国家女排的时机成熟了。1976年初，中国女排从在漳州训练的百余名姑娘里选精兵组队。曹慧英、陈招娣、杨希、张蓉芳、孙晋芳、张洁云等人入选了中国女排，她们在这里自豪地穿上印有"中国"二字的运动服，从此，她们开始走上了一条漫长、艰辛的拼搏之路。

十年，难忘的三千六百五十天，当年在体训基地种下的小树都已长高，当年训练的竹棚都已变成现代化的训练馆。难忘漳州，难忘"娘家"，难忘这中国女排冠军的摇篮。十年前，她们就是从这里冲向世界，首次夺取世界冠军的。

1981年，中国女排夺取世界冠军后，能否再度蝉联，这是对女排一个新的严峻的考验。1982年春天，她们又回到漳州体训基地，摆兵布阵，强化训练。那一年，春寒雨勤，队员日训三次，衣换数回。基地工作人员便燃起木炭，架起竹筐，连夜把几十件洗过的湿衣烘干叠好，及时送到队员房间，并在各个方面尽心尽职，让运动员保持旺盛的精力，投入训练，提高技战术水平。1982年9月，女排姑娘终于在秘鲁举行的第九届世界女排锦标赛中，力挫群雄，再次荣获了世界冠军的称号。

蝉联冠军之后，能不能再第三次夺冠？带着祖国人民的期望，1983年，中国女排悄悄开进漳州，进行"大换血"。孙晋芳、曹慧英、陈亚琼、杨希、陈招娣五员大将退役，杨锡兰、侯玉珠，苏惠娟、姜英、杨晓君等新秀入选，以新的阵容备战1984年奥运会排球赛。为了让新的阵容提高训练技术，漳州基地干部、职工和漳州人民竭诚服务，全力搞好后勤保障工作。食堂厨师们根据气候、营养价值、南北方口味制定食谱，每餐主、副食均从蛋白、脂肪、糖、无机盐、维生素和水六大类搭配，实行"自助餐"，餐餐饭菜适合各个运动员的口味。厨师对教练员、运动员饮食习惯了如指掌。每逢女排队员生日，基地工作人员总忘不了精

△ 女排队员在就餐

心制作生日蛋糕，配上红蜡烛，和她们共享生日的快乐。人人相同，岁岁相同，女排姑娘又怎能不称漳州体训基地为"娘家"呢?

从基地医务室统计素质数字可以看出，来这里集训的中国女排姑娘，在集训结束后，不但技战术水平提高，而且大部分队员弹跳增高。有这样好的基础，在1984年奥运会上，中国女排又技压群芳，实现了"三连冠"的夙愿。

自1981年世界杯赛、1982年世界锦标赛到1984年的奥运会排球赛，中国女排姑娘在这三项世界女子排球最高水平的大赛中夺冠，捧回了金光闪闪的奖杯和金牌，震动世界，牵动全国人民的心，也极大地鼓舞了海内外排球界人士和广大排球热心者。但是女排姑娘却深情地说，水有源，树有根，她们能勇摘世界冠军的桂冠，是与全国人民的支持，特别是与漳州人民的大力支持分不开的。袁伟民及全队女排姑娘多次亲切地称漳州是中国女排的"娘家"。

以后，中国女排又两次来漳州训练，再连续夺取了两次世界冠军，荣获世界"五连冠"。漳州体育训练基地也随之以"世界冠军摇篮"之称闻名于世。

漳州与女排姑娘结下了不解之缘，1989年新组建的中国女排也三进漳州夏训。昔日女排战将也不忘这冠军的摇篮，常常携夫带儿回"娘家"。1985年

△ 女排"新家"漳州女排训练馆2004年投入使用

春节，周晓兰的婚礼选择在"娘家"漳州举行。郎平结婚时，蜜月旅行的第一站就选在漳州。陈亚琼、孙晋芳也多次回漳州探望"娘家"亲人。1986年，漳州女排"腾飞馆"举行奠基仪式，邓若曾、张一沛、梁艳、杨希代表中国老女排回"娘家"，参加奠基仪式。

女排不忘"娘家"，"娘家"更是思念着女排姑娘，每逢漳州举行重大活动，都邀请女排姑娘回"家"做客。漳州建州一千三百周年时，漳州市政府请回女排宿将，参加庆祝活动。1991年，漳州举办"漳州·中国水仙花节"，新组建的中国女排应邀光临，给花节增添光彩。

女排宿将欢聚在一起，考虑的是给"娘家"留下什么珍贵的礼物。她们说，"五连冠"已是过去的历史，我们希望的是下一代能够继续为振兴我国排球事业奋力拼搏，为国争光。她们聚到一起，在女排"腾飞馆"前，栽下了"圆柏树"，表达对过去的纪念和寄希望于新一代的心愿。她们又相约来到全国排球传统学校漳州三中、漳州实验小学，辅导中小学生训练排球。这深情的一举一动，都凝聚着老一代女排对年轻一代的期望，也是他们留给"娘家"的最珍贵的礼物。

星座篇

重聚"娘家"诉衷情

——首次夺冠 12 名队员心态录

★★★★★

　　1991 年，金秋十月，第一次夺冠的中国女排宿将和教练员怀着对往事的眷恋和对未来的憧憬，从四面八方，风尘仆仆地回到了"娘家"——福建漳州体育训练基地，参加漳州为中国女排首次荣获世界冠军十周年而举办的纪念活动。为此，我们走访了当年叱咤世界排坛的风云人物。

荣誉属于过去，拼搏精神永存

——曹慧英

　　在 17 日举行的欢迎宴会上，久别"娘家"的曹慧英，代表老队员们举杯感谢漳州人民对中国女排的关心、支持和帮助，激动的话语被晶莹的泪花所替代。这位叱咤世界排坛的宿将，是1976年新组建的中国女排的第一批队员，也是首任队长。1983年，她带着女排赋予的荣誉，也带着拼搏岁月留下的伤残，挥泪告别中国女排，回到北京体育学院继续深造两年。之后，她一直担任国家体委所属的中国国际体育旅游公司副总经理。工作环境改变，生活节奏变化，她同样饱尝过失败、挫折的艰辛和成功、胜利的喜悦，付出过因劳累过度而昏厥的代价。"人是应该有点精神的，当年我们凭借'拼搏'精神夺得了世界冠军。在新的人生和事业的道路上同样需要这种拼搏精神。作为中国女排这个光荣集体的一员，我们更应该在平凡的岗位上体现曾经有过的人生价值。"曹慧英一连串的感慨，正说明她已走上了一条成功之路，她对这十年一瞬间的"娘家"重聚，感觉最深的一条是：荣誉属于过去，拼搏精神永存。

我仍在为体育事业而工作

—— 陈亚琼

闽南籍老国手陈亚琼回到"娘家"，备感亲切，不时用闽南话与"娘家"亲人答话。她于1983年初退役后，到新华社香港分社文体部工作，1985年，担任文体部副部长。她说："我仍在为体育事业而工作。"1984年，中英两国政府签定关于香港问题的联合声明后，为进一步推动内地与香港、台湾等地区的体育交流，陈亚琼"牵线搭桥"，积极开展各种体育交流活动。她听说福建女足因经费紧张被解散的消息后，就在香港的华人商界中奔走，取得一些商人的赞助、支持，使这支队伍又重新展现出她们的英姿。亚琼在香港有一个幸福的家庭。她的先生高克宁是香港中华制漆厂中国贸易部总经理。女儿高晓珊是在1984年中国女排夺取"三连冠"后一星期出生的，给女儿取名高晓珊，是因"珊"和"三"谐音，以纪念"三连冠"。晓珊当年7岁，身高1.3米多，已上小学二年级。她总是蹦蹦跳跳，浑身充满活力，讨人喜欢。亚琼说，由于工作关系，她平时晚间或假期应酬多，晓珊每天在电话中第一句话就问："妈咪今晚是否回家吃饭？"她很懂事，即使亚琼不能回家陪她吃饭，她也能理解妈妈是为了工作，而且会嘱咐亚琼小心过马路，早点回家，亚琼说，每当听到女儿的话，她心里就感到满足了，工作再累也感到充实。

生活常常会阴差阳错

——张蓉芳

张蓉芳以"生活常常会阴差阳错"的话来说明自己生活道路是多变的。1984年奥运会以后，她因伤病退役，就读成都科技大学。1986年，在她正忙于写毕业论文的时候，正好离世界锦标赛不到半年的时间，接到出任中国女排主教练的任命，她说这是第一次"差错"。怎么选中她为主教练且不说，要指挥这支世界冠军的队伍并非易事。容不得推辞，她便和郎平双双走马上任，为中国女排夺取"五连冠"又尽一分力。第二个"差错"是，1987年她被任命为国家体委训练局副局长，从运动员、教练员一下变成体育行政管理干部，面对"三级跳"的全新挑战，她以"短平快"速度应付自如。1989年，在她的丈夫胡进出任中国女排主教练时，是否要避"女排专业户"之嫌的她，不直接分管排球了，却管起国家跳水队和其他工作，又出现了一次"差错"。她说：不管怎么样，我终生忘不了排球，忘不了漳

△ 张蓉芳向本书作者介绍漳州体训基地发展过程

057
星座篇

州基地，忘不了那艰苦岁月中一起在球场上结下的姐妹情。"

学成后我将回国为体育事业效劳

—— 郎 平

郎平1987年4月以公派自费留学的身份同丈夫白帆去了美国。经一年多的刻苦攻读，她以560分的成绩通过语言关，成为新墨西哥州立大学体育管理专业的研究生。两年的奖学金到期后，为了完成学业，她又到意大利摩迪那俱乐部打球，用自己的专长挣学费。作为意大利排坛上第一个中国的世界冠军级运动员，她没有忘记在异域赛场上，体现中国人的精神和中国运动员的价值。1990年，新组建一年多的年轻中国女排准备参加8月份在北京举行的第十一届世界女排锦标赛，她归队参加训练、比赛，为新组建的中国女排带作风、带技术、传经验贡献了力量。比赛结束后的第二天，郎平离京返回意大利，但心仍想念着中国女排。1991年春，中国女排到欧美进行拉练赛，郎平特邀中国女排到俱乐部住了三天，进行训练，交流技艺。1991年5月，郎平离开亚平宁半岛到新墨西哥继续完成学业，仍是学体育管理专业。她说："我选择这个专业，是想学成后，能继续为祖国的体育事业贡献力量。"她透露：学业完成后，她将回国。

老队员要增添新光彩

——孙晋芳

1983年光荣退役的孙晋芳，当年考入南京体育学院，同时又出任江苏省体委副主任，她有一个幸福美满的家庭，爱人江伟光曾是南京航空学院无人驾驶飞机研究所"总师办"主任、电气工程师，6岁的女儿江超活泼可爱。"中国女排老队员给人们留下的究竟是什么呢？我想，如果说我们用自己的辛勤汗水，已经做了那么一点值得人们永远回忆的事情的话，那么更重要的是女排开创了我国大球翻身的历史，女排顽强拼搏的精神，严格训练的作风，反映了我国人民振兴中华的坚强意志。"在谈到此次回来参加夺冠十周年纪念活动时，这位十多年来一直受到广大群众关心、厚爱的第一位代表中国女排从国际排联主席利博先生手中接过"世界杯"并高高擎起的老将，深深地沉浸在当时的那种欢乐情形之中。"十年了，人们还惦记着女排的老队员们，我们还有什么理由能不更加发奋地工作，去进行新的拼搏呢？"神采飞扬的孙晋芳表示要尽自己的最大努力，继续为中国女排的老队员们增添新光彩。

我们多么想再为祖国捧回一尊金杯

—— 陈招娣

陈招娣是首次夺取世界冠军的老队员中唯一仍留在中国女排的老将，时任领队。她11月份就要率队到10年前和队友一起拼搏夺冠的地方——日本，参加世界杯女排赛。这次她请了3天假，到漳州参加纪念活动。她风趣地说，10年前，我们赢得的"世界杯"已不在中国姑娘手中,我多么希望能和新女排队员一起,再为祖国捧回一尊金灿灿的奖杯啊！陈招娣为新组建的中国女排费了不少心血。1989年初，她出任中国女排领队以来。坚持以队为家，与队员同吃、同住、同训练，有时在队内分组赛时打"替补"。她以身作则和苦口婆心的思想工作方法，赢得了队员们的信任。姑娘们都把她当成大姐姐，有什么喜怒哀乐都愿意对她讲。在她和教练员的共同努力下，切实把这支队伍"领"起来了。她的丈夫远在海南，女儿郭晨全要靠她照料。有时，为了事业，她只得把女儿送到杭州老家，或请亲人到北京关照。带队两年来，她不能陪女儿过生日。女儿曾对幼儿园的老师说："妈妈不要我了，老师就是我妈妈。"说到这里，陈招娣一阵心酸，对记者说："的确，从她生下来后，我给她太少太少。但我相信，女儿长大以后一定会理解妈妈的。"

坎坷历程留给我们精神财富

——周晓兰

周晓兰回顾中国女排首次夺冠的情景时说：
"想起了我们共同度过的那些艰难岁月，想起了
坎坷历程留给我们的精神财富。"

周晓兰是中国女排"三连冠"的老将。到
现在，她的日记本里还夹着一片枫树叶。这是
1984 年，中国女排实现"三连冠"的前一夜，
她在美国洛杉矶奥运村里的树上摘下来的。周

△ 1984年第23届奥运会冠军中国女排全家福

晓兰说："是这些不寻常的日日夜夜，使我真正懂得了事业的成功，需要付出超人的代价。而一个人要在精神上战胜自己，比在身体上战胜自己不知要难多少倍。"

周晓兰离开球场，走上社会，在人生"大球场"上，仍以这些精神财富在激励着自己奋力拼搏。无论是在上海体院学习期间，还是毕业以后在国家体委排球处工作期间，她总是一步一个脚印，扎扎实实。她说，我努力发扬在球场上培养起来的精神，去克服学习、工作和生活中遇到的种种困难。

周晓兰球场上是幸运的，家庭也是幸福美满的。丈夫侯非当援外教练，女儿侯越，从小寄养在山西姥姥那里，她自己与排球做伴生活在北京。虽然一家三口分为三处，很少享受天伦之乐，但周晓兰说："这样的生活我也感到充实。因为我爱排球，我爱这项事业，我爱曾经得到祖国和人民厚爱的中国女排。"

用我毕生的努力来回报一直厚爱着我的祖国和人民

——杨 希

在漳州纪念中国女排首次夺冠十周年的联欢会上，杨希想起了令中国人骄傲与自豪的时刻：我们作为中国人的代表，首次站在"世界杯"女排赛的最高领奖台上，我们分享了作为炎黄子孙的光荣，我们理解祖国的内涵与分量，我们懂得了肩头的责任感与使命。

杨希在女排老将重聚"摇篮"的时刻，激动地说，一个10年过去了，又一个10年过去了，令我自己有一点欣慰和坦然的是，我一直按照球场的那种拼劲去追求新的生活。世界冠军已经属于过去，即使她再光彩、再荣耀、再辉煌，也已经成为历史。在自己的人生追求上，每一阶段，都应有属于自己的新的起点和落点。

杨希1983年离队后，当过教练、领队，并通过了北京体育学院教练班的全部课程。1989年，她获得了美国西肯塔基大学的奖学金，并告别丈夫、儿子，告别家乡，到美国攻读硕士学位。两年后，她获得了心理咨询硕士学位。

杨希说，我是幸运的，因为在我的人生道路上，人们给予我的太多了，真诚的关心，由衷的鼓励，深深的理解，没有什么比这种纯洁的真情更珍贵的了。如果说我有什么心愿的话，那唯一的心愿便是用我毕生的努力来回报一直厚爱着我的祖国和人民。

球场使我青春依旧

—— 周鹿敏

"漳州纪念中国女排首次夺冠十周年"几个大字闪闪发亮，坐在眼前的中国女排老将周鹿敏眼闪泪花：时间过得真快，十年前的今天仿佛就在眼前，那徐徐升起的五星红旗和雄壮的国歌……此情此景，又一次想起它，又一次让她激动不已。

周鹿敏 1984 年退役，上大学读书两年后，又重返排球场，在上海女排当教练。她说，当好一名教练员并不比当运动员容易，我还在为之努力，像袁伟民教练当年指导我们训练那样，指导青年女排姑娘训练，教练甚至比运动员更辛苦，但我觉得充满活力，青春依旧。

周鹿敏有一个快乐的小家庭，丈夫也是从事体育工作，原在上海篮球队当运动员，曾获得全国冠军，1991 年去马来西亚一个州的篮球队当教练员。现在，她有一个女儿，名叫郑樱，以此纪念周鹿敏在樱花之国那终生难忘的时刻。

我深深怀念中国女排这个战斗集体

——梁　艳

在纪念中国女排首次夺冠十周年的日子里，梁艳高兴极了，在漳州举行的每一项纪念活动她都参加，并倾吐了肺腑之言：每当想起在中国女排的岁月，我就深深怀念着这一坚强、团结、战斗的集体。

梁艳是中国女排"五连冠"唯一都参加的老将。她回顾在中国女排的排球生涯时说，小小的排球磨炼了我的意志，陶冶了我的情操，我从中懂得许多生活的哲理。回顾我成长的过程，自己所取得的每一点成绩，都离不开党和人民的培养，离不开教练的精心指导，我从心里感谢曾经给予我关心、鼓励、支持的所有的人们。

梁艳于1987年退役，同年2月，她到中国人民大学新闻系进行摄影专业深造。她选择这个专业，是因为爱好新闻事业，认为学新闻，知识面广，无论今后从事什么工作都用得上。而学摄影也能陶冶情操，对个人修养、气质的培养都大有益处。因此，在大学里，她为再获知识又一次进行拼搏，以优异成绩领到毕业证书。毕业后，被分配到国家体委主办的《新体育》杂志社社会活动部工作，曾任北京育乐广告公司副总经理。

梁艳退役后生活很充实，丈夫在空政文工团工作。1987年，梁艳有了自己的爱女，今年（1991年）已经3岁多了，性格很像梁艳，非常活泼、可爱，喜欢唱歌、跳舞，她们一家经常一起听音乐，看文艺演出，是一个和睦、幸福、美满的家庭。

生活永远苦乐并存

—— 张洁云

张洁云在参加中国女排首次夺冠十周年纪念活动的座谈会上说："生活永远是苦乐并存。"

张洁云1982年离开国家女排回到江苏，一边在省队继续打球，一边到南京体院读书。三年的苦读，收效甚大，江苏女排获得全国锦标赛冠军，她也顺利地领到大学毕业证书。之后，被分配到江苏省体委体育外事部门工作。一忙起来，经常不分白天黑夜，可她适应性很强，很快就习惯了，像在球场传球一样，轻松自如，传出一个个好球，为攻手进攻创造条件。

张洁云1984年结婚，她的丈夫苗毅是南京医学院第一附属医院的大夫。他比张洁云大三岁，身材高大，性格稳重，是一个很有责任心和事业心的医生。

张洁云的儿子今年（1991年）5岁，取名为笛笛。笛有两层含义：一是英文"博士"的中文译音有"笛"的谐音；二是笛子可以吹奏出美好动听的音乐，希望他的来临，给小家庭带来和美、吉祥，也许是名字的作用，笛笛是个爱说爱动爱唱的男孩，与他一起玩的小朋友都戏称笛笛是一个"小博士"。

要像当年一样磨炼
——朱 玲

朱玲与中国女排首次夺冠的队友欢聚在一起，时而搭肩诉说往事，时而手拉手畅谈家事，她们笑得多开心啊！

朱玲于1984年奥运会后退役回到老家四川省，组织上很快把她安排到四川省运动学校任党委副书记，1988年5月又出任四川省体委副主任。朱玲说："组织上赋予我如此的信任、重托，我深感不安，曾担心过，怀疑自己是否能胜任。几年来的实践，我体会到，只要像当年在中国女排队伍里那样磨炼，用球场上磨炼出来的勇于战胜困难的精神，放开手脚干，是可以干好的。"

朱玲走上工作岗位后，组织上又把她送到四川大学中文系学习，两年的大学生活，朱玲勤奋好学，增长了不少知识。朱玲说，退役后工作、学习、家庭生活都很紧张，但很充实，很有意义。她已有一个 6 岁女儿，名叫鑫鑫，女儿聪明伶俐，能歌善舞。女儿的欢歌笑语逗得朱玲笑口常开……

➔ 女排宿将今何在

★★★★★

中国女排夺取世界大赛"五连冠"的辉煌战绩。这里有多少代排球教练、运动员付出的心血，几许风流，几多拼搏。昔日她们同在这个团结、

△ 1985年世界杯冠军中国女排英姿

战斗的集体里，如今，那些奋勇拼搏、为国争光的女排姑娘在哪里？1994年12月记者通过各种渠道，了解到她们的踪迹。

袁伟民曾任国家体委副主任、中国排协主席。张一沛（原中国女排领队）曾任国家体委训练局副局长。邓若曾曾是中国体委训练局咨询委员会教练员。陈忠和曾任福建女排主教练。孙晋芳曾任江苏省体委副主任。周晓兰曾任国家体委排球处处长。曹慧英曾任中国国际体育旅游公司副总经理。张蓉芳曾任国家体委训练局副局长。郎平曾在美国读书，

1993 年底，出任"八佰伴"女排主教练兼队员。陈亚琼曾任新华社香港分社文体部副部长。陈招娣 1989 年出任中国女排领队，1992 年底回中国人民解放军总政治部文化部体育局工作。张洁云曾在江苏省体委外事办主任。梁艳曾在《新体育》杂志社所属育乐广告公司副经理。杨希曾在美国读书、打球，曾在八一体工队。周鹿敏曾是上海女排教练。朱玲曾是四川省体委副主任。李延军曾在八一体工队。杨晓君曾在西德一俱乐部打球，侯玉珠曾在西德一个俱乐部打球，1993 年底加盟"八佰伴"女排。郑美珠在西德一个俱乐部打球。杨锡兰曾在瑞士的一个俱乐部打球。姜英曾任辽宁省体委副主任。李国君曾任上海国君银泰俱乐部主任兼教练。巫丹曾在"八佰伴"女排效力。苏惠娟曾在"八佰伴"女排打球。许新曾在比利时打球。李月明曾在上海经商。胡进曾在四川女排当主教练。江申生曾在上海体委工作。

→ 郎平在美国

★ ★ ★ ★ ★

在中国女排夺取世界"五连冠"的队伍中,"铁榔头"郎平给人们留下了最深刻的印象。她曾加盟国际女排职业队,当队员,兼教练。在这之前,郎平在美国生活 6 年多。在域外,她依旧是"铁榔头"的风采,一锤一锤地"扎下"自己新生活的足迹。

从ABC学起

1987 年 4 月,郎平从中国女排退役后,以公派自费留学的身份与丈夫白帆一起,到美国新墨

△ 郎平

西哥州大学读书，先是补习英语。一年后，她以 560
分的成绩，通过"托福"考试后，又闯过"GRE"难关，
取得攻读新墨西哥州立大学体育管理系现代化专业
硕士学位的资格。

正当她向知识的海洋发起冲刺的时候，为期两
年的奖学金到期了。在美国，凭世界第一扣球手技
术和世界冠军队主攻手的郎平是不怕没钱赚的，前
美国女排名将克罗克特获悉这件事后，专程从意大
利赶到美国邀请她合作，角逐奖金百万元以上的沙
滩排球赛，其他几个俱乐部也接二连三邀请她加盟。
面对这些好友的诚意，郎平都一一拒绝了。

△ 郎平为本书作者第一本专著《娘家·摇篮》作序后留影

为了学业，没有经济来源怎么办？这下可苦了她的丈夫白帆。这位身高 1.90 米的原中国手球队队员，几乎使出浑身的招数为生存和学业奔波着。他起早摸黑，利用一切可能的时间去打工：当咖啡馆的服务员、教小孩子游泳、辅导太极拳等，以赚得学费和生活费。

1991 年暑假，白帆在加利福尼亚州一间进口公司找到一份工作，担任该公司经理助理。这时，他在美国新墨西哥州大学修完体育管理硕士学位所需的大部分学分，于是决定和郎平一起转学到离公司近一些的加州大学洛杉矶分校。但一到加州，白帆去银行取款被抢劫，后来又连续出现一些不顺心的事。郎平觉得此地不是"久留之地"，便和丈夫重返新墨西哥州。郎平便开始中断一年多的学业。后来她仍在新墨西哥大学就读，并加盟该校女子排球队。

喜添"小榔头"

1991年，郎平回国参加中国女排首次夺冠十周年纪念活动返回不久，发现自己怀孕了。她和白帆都过了而立之年，现在有了自己爱情的结晶，无疑是给生活锦上添花。兴奋不已的白帆迫不及待地把自己要当爸爸的消息告诉给所有的朋友。远在日本的赛林格得知这个消息后，透露给日本排球杂志社，该社将它作为一条新闻刊登出来。就在郎平把怀孕的消息告诉给费劳尔的这天，她们要参加一个重要的比赛，如果取胜，新墨西哥大学女排将获得美国西南部大学的冠军。

这天晚上，全体队员表现极为出色，如愿以偿捧得冠军杯。比赛归来，姑娘们冲着到机场来接郎平的白帆叫"爹地"，硬让他闹了个大红脸。

从那以后，队员们不再叫郎平"杰妮"，而亲昵地叫她"妈咪"，还不时淘气地用手摸摸她的肚子，费劳尔则禁止郎平再扣球："你的'小榔头'是我们大家的！"

美国有个习俗，小孩出世前，要举办一个由女性参加的迎接小生命降临人世的活动，和郎平情同手足的费劳尔在自己家里亲自操办这个"PARTY"，认识郎平的朋友们都带着精心挑选的礼物赶来参加这一活动。

在举行这一活动中，美国姑娘对郎平说："杰妮，你帮助我们夺得了冠军，我们非常感谢你，非常爱你。中国只能有一个孩子,你有什么愿望？赶紧在这儿许一个!"

"第一，我希望她非常健康；第二，我希望她是个小女孩；第三，我希望她将来打排球。"

1992年5月27日13点10分，经过33个小时艰难的分娩过程，郎平生下一个"千金"——"小榔头"，取名为白浪浪。

依然中国心

郎平身在域外，但她没有忘记自己是炎黄子孙，心总是想着祖国，关心着中国的体育事业，关心着中国女排新队员的成长。

每逢中国女排到欧美参加拉练赛时，郎平总要驾车到女排驻地看望中国女排，与女排姑娘们叙旧谈心。1990年，中国女排出访欧美到法国时，正在意大利打球的郎平开车专门到中国女排下榻的地方，看望老队友陈

△ 郎平向本书作者介绍中国女排在漳州训练的新目标

招娣和全队队员。在此之前，主教练胡进曾打电话邀请她归队，参加当年在北京举行的第十一届世界女排锦标赛。她满口答应后，放弃了原准备和白帆一起到美国旅游区度假的机会，毅然回国，于6月22日赶到漳州，参加中国女排集训，一直到世锦赛比赛结束。她那刻苦训练和顽强拼搏的作风，给全队队员极大的鼓舞，使得中国女排在这次世锦赛中取得了亚军的好成绩。

岁月悠悠，女排宿将相继光荣解甲，一转眼，中国女排首次夺取世界冠军已十年（1991年10月）了，国家体委决定在漳州举办女排首次夺冠十周年的纪念活动。漳州是中国女排的"娘家"，女排姑娘对漳州有特殊的感情。郎平结婚度蜜月的第一个旅游点就选在漳州。昔日沙场同甘苦，今日难得喜相逢。她特请一星期假，参加这一纪念活动：一是会见老战友，二可把老女排"竹棚精神"带给年轻队员，鼓舞士气，有助于训练。来到漳州，郎平除会见老战友外，还和队友一起深入漳州三中、漳州实验小学等单位辅导中小学生训练排球。这深情的一举一动，都凝聚着"铁榔头"对年轻一代的期望，也是她留给"娘家"漳州的最好礼物。

中国女排需要她的时候，郎平重披战袍，鼎力支持。中国女排在巴塞罗那奥运会失利的时刻，她写信、打电话给中国女排，鼓励女排姑娘振奋精神，重整旗鼓，东山再起。当她得知女排"娘家"——漳州人民集资加速建好女排腾飞馆，改善训练条件，以实际行动支持中国女排重振雄风时说，这是人民对女排的支持，也是女排的力量源泉。

1994年1月，郎平和白帆带着小浪浪回到生她养她的祖国北京过年。这是她到美国后第一次回祖国过年。时间虽短，但她不忘教育她成长的"摇篮"——中国女排。她到国家训练局看望刚刚组建的中国女排新阵容时，发现有几个好苗子，打心眼里高兴。应主教练的邀请，郎平给新调入中国女排集训队的孙玥、肖建华、茅菊蓝、陈绪雅四名主攻手谈体会，传技术，使这些年轻的主攻手增强信心，给她们留下很深刻的印象。1月27日（正月初五），中国女排要赶赴漳州集训，郎平也要赶回美国，又同在北京机场等候飞机。她们依依不舍地互相送行，赠言还是离不开排球。

曹慧英潇洒踏商海

★★★★★

在漳州中国女排腾飞馆揭幕那天，记者与曹慧英坐在一起参加庆祝会。她是中国女排夺取世界冠军的首任队长。退役 11 年了，如今，她一改当年身着球衣的装束，脸上涂有轻轻粉黛，身着得体时装，风度怡人。

一

曹慧英"下海"，是听了袁伟民的一句建议。曹慧英从北京体育学院毕业那年，中国国际体育旅游公司成立没多久，正是需要人的时候，袁伟民见到曹慧英说："你的个性和能力挺适合去那儿干干。"

一如既往对教练的信赖，曹慧英二话没说去了"体旅"。

出生农家的曹慧英，性格中深深打上了北方农民的淳朴豪爽的烙印，用她自己的话说："从小就是那种送东西给别人特高兴，找别人要东西特难为情的个性。"刚到"体旅"那会儿，接触业务与客户洽谈，曹慧英总觉得谈价钱时

△ 曹慧英

难以启齿，深怕自己开口要多了给对方造成"这人怎么这样"的感觉。

曹慧英刚刚出任"体旅"副总经理时，有的人很不以为然："有什么了不起，不就是有名嘛，什么都不懂……"话传到曹慧英耳朵里，她并不生气。扪心自问，除了当运动员的经历和在北京体育学院干训班里学的那点东西，社会经验、工作经验确实寥寥，"不过，不懂可以学，能在排球场上获得成功，也一定能在新的岗位上干好"，曹慧英给自己订下了2~3年的目标。

新目标的切入首先是从性格开刀。"尔虞我诈"的商海给曹慧英上了一堂触及灵魂的课。

一次，一位外商主动找上门来谈一项活动，性格真诚的曹慧英毫无戒心地与其合作。没想到这位客商脚踏几只船，暗地里同其他几家公司也谈了这个项目，企图在几家公司里挑起一场价格竞争的"戏"，从中得利。

这件事给曹慧英的震动和教训是深刻的。她悟出了"商场就是战场"的道理，"温情"只会给事业带来损失。

从那以后，为国家多创汇、使公司多盈利成为曹慧英工作的主题，她开始学会了理直气壮地面对"商场"。

二

"体旅"的业务面很广，接触的人更是形形色色，从外国人到中国人，从国家各部委的首脑到一个普通搬运工，几乎无所不包。特殊的工作环境几乎每天都在锻炼着曹慧英。

几年过去了，"商场"的濡染使曹慧英承认自己性格变了，指导思想变了，唯独真诚待人这点没变。而这种以真诚树立起来的商业信誉又使她在商业活动中受益匪浅。

曹慧英认为自己并非真正"下海"，旅游业和搞纯贸易毕竟不同，除了要考虑经济效益，某种程度上还要顾及政治上和政策方面的东西，因此旅游从业人员需要谨慎也需要对政策的把握，在这点上，曹慧英承认，国家体委的领导一直在"扶"着他们走路。

1990 年，美国大学生橄榄球队来华进行表演赛，由于 1989 年的那场风波，使这支队伍的来访涂上了些许"色彩"。为了避免出现任何差错，国家体委把带这支团队的任务交给了曹慧英。

副总经理亲自带团，这在"体旅"是极少见的，而带这个队所处理的种种棘手事务又是曹慧英未曾遇到过的。

近 40 人的橄榄球队刚刚抵达深圳，有关方面便告诉曹慧英：因为害怕承担责任，所有的赞助商都停止了赞助。突如其来的变故，使没有准备的曹慧英陷入两难境地，一边是要把团队正常送出境，另一边又不能让他们知道所发生的事，造成国际影响。冷静片刻后，曹慧英坦诚地同有关单位进行了交涉："钱我现在拿不出。但请你们相信，所有费用我们会一并支付的，请你们从国际影响考虑，先按一般旅游团队予以接待……"

于是在那几天里，曹慧英仿佛"人质"一般出现在涉及橄榄球队的所有事务面前，因为所有的账单只有她的签字才能生效。

回忆这段尴尬的往事，曹慧英戏谑地说："那时候我的虚荣心真是得到最大的满足！哦，'我竟有那么好的信誉'。"

"不过那几天的日子真不好过，顶着那么大的压力，在外国人面前还要表现出很正常、很轻松的样子，我真不知怎么熬过来的。"

三

曹慧英忘不了几年前发生在广州的一件事。

那是在一个为老女排举办的一次活动中，主持人介绍到曹慧英的队友们不是这个"长"，就是那个"主任"，场下观众也总是报以热烈的掌声，唯独介绍到她"副总经理"时，掌声便成了一阵笑声。姐妹们不由嘀咕说："老大，你真是的，干吗要去公司。"

曹慧英没有回答，只是面对观众报以同样的微笑。

"走自己的路，不管别人怎么说。"这是曹慧英做人的宗旨。

而今，当年曾对她的选择不甚理解的姐妹"下海"和准备"下海"时，她们又感慨地问："老大，看来你的选择是对的，当初你为什么看得那么准？"曹慧英依然回报一笑，并尽可能运用自己的关系帮她们一把。

"人活着总要干点什么，坐吃等死可不是我的性格。"当年，朋友们责怪曹慧英放着舒适的"官"不当，跑到公司去"瞎折腾"时，她曾这么想，当了副总经理后她也是这么干的。

作为分管业务的副总经理，曹慧英总是尽可能地实际参与一些业务工作。

1988 年，在"体旅"举办的"北京—新疆丝绸之路汽车拉力赛中，曹慧英作为总指挥坐了 16 天汽车，跑完了整个比赛的全部路程。这期间，她经历过一次车祸。那是汽车行进在甘肃境内一段干涸的河床上时，被滚滚尘土挡住视线的

△ 获"五连冠"的中国女排四任队长曹慧英、孙晋芳、张蓉芳、郎平欢聚在漳州

指挥车与前方急刹车的公安车撞在了一起，曹慧英的上唇撞伤了，好在不太重，没使她变为豁嘴；车祸不久，她又负了一次伤。那是汽车行进在一段鹅卵石路段上，剧烈的颠簸不时把她抛向吉普车顶，事后她感到背部火辣辣的，一检查，不知何时穿着棉衣的后背给划了一条大口子……

车祸受伤还只能算个人的意外，最危险算是在新疆尔库里迷路。那天天气奇冷，狂风卷夹着沙石暴虐地扑面而来，在这种极端恶劣的天气情况下，车队还未行进到预定宿营点天就完全黑了下来，辨不清方向的车队拥挤在一段河床的两岸，50辆汽车群龙无首般的狂"吼"着，面对着这已无法指挥的队伍，曹慧英真的急了。好在没过多久，当地负责接应的同志在前方用灯光同车队联系上了，使她们避免了一场灾难。

事后有人笑着问曹慧英：你还真坚持着回来了，脖子没扭断呀！曹慧英乐了。她想她是不会忘记这次丝绸之路的艰难旅行的，不过这点苦和曾经在排球场上所经历的岁月相比，却又是那么的微不足道。

四

几年来，"体旅"在开展特色旅游业务方面确实搞过不少"标新立异"的东西。除了上面谈过的橄榄球队、丝绸之路汽车拉力赛，还成功地举办了巴黎—北京世界老爷车拉力赛、美国职业篮球访华表演赛、国际热气球比赛、美国好莱坞白雪溜冰团访华表演等等。这些活动不仅为国家创了汇，为企业盈了利，而且在把国外体育热门运动介绍到中国等方面也产生了极佳的社会效益。曹慧英在这些活动中给人们留下了"常有大手笔"的印象。

作为分管业务的副总经理，"对新的东西总是特别感兴趣"的个性，正是曹慧英屡屡成功领导她的部下们推出"新作"的原因所在。

1990 年，偶然从空军部队一位朋友处得知他们着手搞了一半的"飞艇"项目，由于某些原因不得不中止后，曹慧英马上敏感地意识到这将是一项极有商业化前景的项目，不能让它中途夭折。

曹慧英从以往参加国际大赛的经验中知道，飞艇在空中停留和行走的特性不仅是开展空中广告和空中摄影业务的极好工具，而且可以用来开展特殊地域条件下的旅游活动。记得在一次沙漠探险活动中，她曾在大漠人迹罕至的古烽火台里看到了保存完整的木乃伊，如果能解决交通问题，这将能吸引许多的旅游者。

西北地区旅游旺季运力紧张的矛盾已严重地制约着该地区旅游事业的发展，在经济条件不允许的情况下，要想在短期内解决飞机和机场等建设的难题显然是很困难的。而飞艇每小时能行驶 30~100 公里的速度和可装载 30~40 人的乘客量以及能随意起降和一次性投入少的特性，显然能在一定程度上缓解旅游运力紧张的状况，如果能申请开辟飞艇旅游航线，那将是件非常值得开发的项目。

曹慧英的构想和论证很快得到国家体委的支持，在空军和民航等有关部门的通力合作下，中美合资鹰戈飞艇公司终于成立了。

作为"飞艇"公司的董事长，曹慧英原计划在奥运检查团来北京之际让中国的第一条飞艇升空，遗憾的是由于美方制造商推迟了交货时间，使曹慧英的愿望没能实现。如果一切不再发生变故的话，曹慧英打算在党的生日之际，让她的飞艇翱翔在古老京城的上空。

曾经听说"飞艇"公司是曹慧英私人办的，于是向她问及此事，她笑了："我虽是这个公司的董事长、法人,可公司还是'体旅'的，我只不过是个更高级别的管理者"。

于是又从明星"下海"纷纷创办公司的话题谈起，问她有没有想过自己独立开一份事业，沉吟片刻她坦率地说："目前还没这么想过。据我了解，体育明星'下海'办公司,赚钱的最大愿望是在于有了经济能力后，更好地为发展体育事业出力。从这一点上来说，无论为个人，为集体干，我们的目标都是一致的。"

"个人开公司可能赚的钱属于自己的更多一点，可钱这东西怎么算多呢？我以为够用就行，干事业的目的不单纯是在拥有多少钱，更重要的是看你对这个社会贡献的大小。"

曹慧英说的是真心话。

（注：本文与李丹合作）

→ 孙晋芳拼劲不减

★ ★ ★ ★ ★

　　曾经为中国女排首次夺取世界冠军立下汗马功劳的世界最佳二传手孙晋芳，退役后担任江苏体委副主任至今（1993 年）11 年了，可她干起工作来还是那股子拼劲，还是当年明星的风采。

　　孙晋芳退役后，南京体院照顾世界冠军，决定破格录取她。而孙晋芳硬不要这种照顾，发奋苦读了一年，以优异成绩考进南京体院。她就是以这种拼劲度过了大学生涯，获得毕业证书。

　　孙晋芳工作起来，拼劲更足了。为了发展体育事业，江苏省体委决定建立发展体育基金会，筹资发展体育。孙晋芳东奔西跑，与企业家"攀亲"，抓好体育事业发展的筹资工作。她所分管的筹资系统各项指标样样领先：基金会集资150万元；体育奖券集资600万元；省体育服务中心人均年创利1.5万元。她这种不服输的拼劲给人留下"女强人"特有的性格印象。可她太累了。从中国女排退役后，她满身伤病，加上紧张的学习、繁重的工作和家庭的压力，她那超负荷的"破机器"垮了，常常晕眩，全身无力。经医生诊断，她患的是不典型再生障碍性贫血。在领导和医生强迫下，她才老老实实住院治疗。人是休息了，可她的心仍系着体育，一天也不歇，只要稍好些，又拼命地工作……

在体育界，像孙晋芳这样赫赫有名的运动员留在国内的并不多，朋友们劝她去国外，或者去国内的大公司，改善一下自己的物质生活。孙晋芳为此犹豫过、动摇过。但她十分珍惜她那一份珍藏的情感。她明白，她现在所到之处，人们还像以往那样，请她签名。许多不相识、未曾见过面的球迷还经常请她做客。有一次，她出差到外地，孙晋芳的朋友和一些从未见过面的球迷要和孙晋芳见见面，并恳求她给"面子"。这样的事很多，孙晋芳想尽办法满足他们，这次她也答应了。谁知，她上午出去办事，一进有关办公室，说起工作津津有味，一谈就是大半天，怎么也走不开，只好打电话请求朋友原谅。她的朋友不但不能原谅，而且还告到孙晋芳的父亲那里。她父亲气得直跺脚，埋怨女儿不懂人情。孙晋芳回到家里，不敢见父亲。父亲见到她，还在埋怨，还在生女儿的气……

△ 孙晋芳

多少年过去了，人们对孙晋芳的厚爱还是那么深，孙晋芳也非常清楚人们对她的厚爱。因此，她拼命工作，以辛勤劳动为她所痴情的事业积累资金，偿还人们对她的厚爱，不像有的明星那样，忙于为自己积累资金。

第25届奥运会后，我国金牌选手获得重奖，许多人对她说："他们可比你拿得多啊！"孙晋芳坦然地回答，重奖他们是应该的，我当时的奖金虽然没有他们多，但比起当年为建立新中国流血牺牲的人，比起五六十年代的中国运动员，我已经得到很多了。不能用金钱来衡量一切。我无怨无悔。

孙晋芳有个美满幸福的家庭，她和丈夫江伟光结婚后，生了一个女儿，取名为六六。小六六聪明、机智，1岁就能认出挂在墙上镜框里的父母亲的照片。孙晋芳疼爱女儿，不管是生活还是教育，她总是无微不至。她周密安排，送女儿学钢琴，为女儿买识字卡片、录音带、玩具等，尽自己的一切培养好女儿。孩子渐渐长大了，而孙晋芳的工作越来越忙，没有那么多的时间陪女儿了。六六则养成自己"独立生活"的习惯，勤思考，善动脑，还继承了孙晋芳好胜的性格，上学后每门功课都要争"冠军"，就像赛场上的孙晋芳。

（注：本文与徐利刚合作）

→ 陈招娣"大姐"深情

★★★★★

　　漳州中国女排腾飞馆揭幕那天，我找到陈招娣。坐在面前的她，依旧眉清目秀，神态非常高雅。那清亮的、抑扬顿挫的声音，娴静、安详而轻柔的动作，给人一种信任感。难怪几年前，国家体委千方百计从总政把她借调过来，出任中国女排领队的要职。

　　那是 1988 年汉城奥运会后，中国女排重新组建。国家体委为了加强女排的领导班子，同中国人民解放军总政治部联系，决定借调陈招娣担任中国女排领队，期限到 1990 年第十一届亚运会。当时，海南省文体厅任命她为副厅长的调令也一起寄到她的单位。面对这两种选择，陈招娣毅然选择了前者。她心里只有一个信念：汉城的悲剧不能再重演，一定要把中国女排搞上去。

有谁知道，这位身经百战的老将，1981年在中国女排首次夺取世界冠军后退役，当时，她的身体像一个散了骨架的破机器：腰伤严重已多年，又因"直肠类癌"做了两次手术。但这架机器仍在超负荷地运转：她没有离开排球，先后担任八一女排和国家青年女排的主教练。中国女排最困难的时候，组织上又让她"归队"。她明白这是领导对她的信任，因为她是从中国女排中成长起来的，同老女排一起走过了艰难的成功之路，也懂得什么是老女排的"拼搏"精神，她想把老女排的拼搏作风传给年轻的中国女排。

这件事传开后，许多人对陈招娣说："要名气你已经有了，还要带着浑身的病去拼命吗？放着稳稳当当的官不当，这是何苦？再说女排还是个未知数，弄不好'栽'进去值得吗？"

好友的劝说，陈招娣思考过，但她作出了一个共产党员和一个老女排队员的回答："只要为着中国的排球事业去努力了，我就问心无愧，至于其他的事情我没有考虑那么多。"她带着这种思想到国家体委训练局报到去了。

"舍家为女排"，这是女排姑娘称赞陈招娣为中国女排打翻身仗，不计较个人得失和处理工作与家庭问题的心声。上任之前，她把不到2

△ 陈招娣

岁的女儿郭晨送回杭州，交给双目视力不到 0.1 的母亲，自己则搬到队里，和姑娘们生活、训练在一起，丈夫郭晓明远在海南外贸部门工作。家里的事情都落在招娣的身上。中国女排备战亚运会时，陈招娣又一次把女儿送回杭州老家。中国女排为备战第十一届世界女排锦标赛赴漳州集训时，母亲和女儿同时患病，她再次含泪告别了亲人，随队南下；1990 年 3 月，中国女排参加欧洲拉练赛的近两个月中，郭晨又患肺炎，由于治疗不彻底，有一段时间经常发烧；担任领队期间，女儿过生日，陈招娣从不在身边。郭晨对幼儿园的老师说："妈妈不要我了，老师就是我妈妈。"说到这里，陈招娣一阵心酸，眼睛湿润了。停了一会儿，她接着说，那期间，我将全身心献给了排球，以队为家，当然就顾不了自己的小家庭了。的确，女儿出生以来，我所给予她的太少太少了。但我相信，女儿长大后一定会谅解妈妈的。

在队里，陈招娣和教练胡进、江申生等配合十分默契。她坚持和队员们朝夕相处，抓思想政治工作。按理说，领队不需要每堂课都到训练场。但招娣认为，只有和队员一起摸爬滚打，和她们打成一片，才能更好地了解和帮助她们，才能把这支队"领"好。她采用和运动员一块训练的方式，关心和观察每一个队员，发现有谁情绪不对头，就主动上去提醒："坚持一下，有什么事训练结束后再说。"以此调节队员情绪，保证全队训练正常进行。

在新形势下，现在的队员思想活跃，如何做好她们的思想工作？陈招娣采取"以情动人"为主要方法，利用她跟女队员接触的方便，把平时吃饭、洗澡、睡前聊天都当成了自己了解队员的好机会。训练中，有的队员坚持不住了，她顶上去一块练，有时在场上帮助捡球，女排姑娘们看陈招娣处处以身作则，都亲切地叫她大姐，有什么心里话都愿意跟她讲。1991年漳州夏训中，一个老队员因江申生教练批评了她，竟当着全队大声地顶起来，在新队员面前造成极大的影响，当时大家都"傻"了。

这时，陈招娣通过各种办法，做通这个队员的思想工作。滴水穿石，细致而反复的工作终于使这个队员在江申生教练面前作了检讨，并改正缺点，训练更加自觉、刻苦了。几年间，陈招娣使过去几乎彼此不讲话的几个老队员重归于好。

陈招娣心里十分明白，排球是集体项目，比赛场上主力不团结，球就不能打到一处。于是，她认真协助教练抓好队伍中骨干团结这一中心工作。每一个阶段，每一个大赛前夕，陈招娣都主动找队中骨干谈心，帮助她们多看别人的优点，找出自身的不足，并用老女排过去的经历启发她们："只有队伍中的骨干团结得如同一个人，才能在困难的条件下，转败为胜。"平时，她组织开展党团活动，举行各种形式竞赛、学英语、练书法活动等等，通过有益活动把全队凝聚到一块，使每个人感到集体的可爱，形成全队团结的气氛。陈招娣任领队期间，思想工作和训练工作抓得颇有成效。1989年11月，中国女排获世界杯第三名，1990年又获第十一届亚运会冠军和世界锦标赛亚军。这时，陈招娣借调期已满，国家体委写信给总政领导，建议她的借调期延长到1992年奥运会。陈招娣服从组织上安排，又继续率领中国女排南征北战，奋力拼搏，1991年，又取得世界亚军的好成绩，她被评为"国家体委系统优秀共产党员"。

1992年，中国女排在巴塞罗那奥运会上失利，成绩从亚军降到第七名。作为领队的陈招娣，深感自己有负于祖国人民的重托。但回到祖国，她收到来自全国各地的来信中有 95% 是鼓励与支持的，她多么想再干一次，带着队伍从第七名重新再打上去,给广大球迷一次成功的回报呀！说到这里，陈招娣对记者说："遗憾的是我是一名军人，我热爱中国女排这个集体，也舍不得培养我成长的人民军队。我舍不得脱军装如同舍不得排球一样，四年借调期已满，我只得回总政治部去。"1993 年 1 月 26 日，陈招娣到国家体委训练局为第二天将赴漳州集训的中国女排送行，第二天，她就脱下运动服换上上校军装。

陈招娣虽然离开了中国女排，但她的心还是没有离开排球，经常关心着中国女排的训练情况和我国的排球事业。她对记者说："我希望做的就是：通过我和一批热衷于体育事业的人们的努力，能在不久的将来开创一所培养高水平排球后备人才的排球学校。我想做的事很多，但都离不开排球。"

→ 周晓兰任重道远

★★★★★

"我们年年见面。"这是今年(1994年)春节,周晓兰在漳州体育训练基地与女排姑娘同吃"团圆饭"时,向记者说的一句话。的确,周晓兰为了排球事业,年年都来漳州,记者每年都在漳州体训基地见到她。周晓兰风采依旧,仍习惯地身着红色运动衣,时而与全国女排集训领导小组同志一起研究训练计划,时而深入球场,检查、了解集训队的训练情况。

周晓兰是中国女排"三连冠"队员,1984年奥运会后退役,先在上海体院国家教练干部进修班学习两年。在大学期间,她刻苦攻读,学完二十多门大学课程。毕业后于 1986 年出任国家体委排球处副处长，后担任处长。从球场转到领导岗位，她开始不太习惯，总认为运动员节奏快，训练、比赛、夺取冠军，时间过得快，产生效果快。到领导岗位，在办公室里，定计划，下任务，搞总结，参加会议，一天到晚忙忙碌碌的，总觉得没有夺取冠军的直接效果。现在她明白，这也是在工作，为了发展我国排球事业，培养更多排球健儿，夺取更多冠军，排球处工作担子更重啊！她努力发扬球场上培养起来的拼搏精神，去克服和战胜工作中遇到的困难，搞好一切工作。

1989 年，全国甲级女排在漳州集训，这是中国女排 1988 年兵败汉城之后举行的第一次全国女排集训，也是周晓兰出任排球处副处长职务之后第一次主持全国女排集训。过去当运动员，参加集训，只是服从教练安排，刻苦训练，现在主持的有十几个队近 200 名队员，怎样才能组织好集训？向来善于动脑筋的周晓兰在思考着。经过再三考虑，她决定请已经退休的国家体委排球处老处长帮忙，协助抓好漳州集训。另外，请张然、刘维勤、刘宗跃、王胜川、林岐锡等全国著名教授、学者、专家、教练出山，组成集训领导小组，加强领导。这一招，实在令人佩服，许多队教练都说周晓兰抓排球和训练内行。

但是，事情并不是那么简单，集训队开进漳州后，有三个队姗姗来迟。过了两三天，一个队途中因故，推迟到达。另一个队请假不能来，还有

△ 周晓兰

一个队是全国冠军队，既不请假，也不说明不来参加集训的原因。这样下去，怎能开展集训?!要处理吧，那支女排是全国冠军队；不处理吧，以后各队都目无纪律，松松垮垮，势必影响集训。她再三考虑后，决定召开集训领导小组会议，由大家一起讨论决定。

会上，问题一摆开，这些有着强烈事业心、责任心的老专家、教练们提出一致的意见：那个队虽是全国冠军队，但目无纪律，骄气太盛，应取消集训资格。大家的意见是诚恳的，也是合理的，就等周晓兰拍板了。这位在袁伟民手下严格要求、严格训练中成长起来的中国女排宿将，懂得排球队严守纪律、严格管理的重要性，当即拍板取消那个队的当年集训资格。此决定作出后，全国反响很大，《人民日报》《新民晚报》《羊城晚报》《闽南日报》都刊登了《一支女排被取消集训资格》的消息。《新民晚报》就此发表评论，说明中国女排要打翻身仗，就要敢于动真格，从抓纪律入手，进行整顿。谁知那个队所在单位也以种种理由向国家体委领导"告状"，提出不应该取消她们集训资格。国家体委领导经过调查，最后作出结论：新上任的年轻领导敢抓敢管是对的，就取消这支女排集训资格一事的理由也是充分的，只有这样抓，各项工作才能搞上去，中国女排才能打翻身仗。打这以后，不管男、女排全国大集训，每个队都按时到达集训地点，一时有比赛任务或有其他原因不能及时到达的，也能通过打电报、电话说明原因或者请假。

1993年漳州集训时，有个队的队员在训练中双耳吊着大耳环，周晓兰发现后，当场叫那个队员取下耳环。那个队员不但不取，反而说起戴耳环不影响训练的理由来。周晓兰当即通知这个队教练责令那个队员写检讨，同时责令她停止参加比赛，以观后效。经多方做工作，那个队员承认了错误，以后的训练中再也不戴耳环了。

周晓兰严格要求、敢抓敢管的这两件事，令各队教练、队员佩服，所有教练都支持她这样做。他们说，要是都这样抓，我们的队伍就好带了。

为了中国的排球事业，周晓兰想尽办法，引进先进技术，进行创新训练。1992 年，她和集训领导小组一起研究，根据世界女子排球技术的发展，提出本届排球集训除全面打基础外，主要练"三跳"，即跳发球、跳传和后排进攻，并规定集训成果检验赛实行跳发球、后排进攻、拦网加分制的规则，逼得各队"跳"起来了。这年集训 13 个队中，有 11 个队运用后排进攻，12 个队运用跳发球，所有的队都运用跳传技术，培养了一大批能跳、能攻、能防、能传的优秀年轻选手，有的尖子还被选进国家女排或国家青年女排。

为了尽快提高我国排球技术，赶上世界先进水平，1994 年全国女排漳州集训，周晓兰利用原中国女排名将郎平在"八佰伴"女排当教练兼队员的优势，通过中国排协与"八佰伴"女排签订双方在中国打 50 场球的协定。这 50 场球，除"八佰伴"世界超级明星队和"八佰伴"哈瓦那金牌队之间表演赛外，其他均安排"八佰伴"女排两个队与在漳州集训的中国女排和全国地方队进行比赛。这年参加漳州集训的诸队与"八佰伴"超级明星队、哈瓦那金牌队打了 40 多场比赛，每个队都与"八佰伴"女排的两个队交锋过三至四场次，积累了比赛经验。周晓兰对记者说，过去我们地方军的队员只能在荧幕上看到世界强队打球，这次集训她们能与世界强队较量，经受了锻炼，学到了人家的许多先进技术。这是周晓兰的心里话，也是这次全国女排漳州集训一次新的尝试，达到了预期目的，她也由此感到高兴。

周晓兰既抓女排集训，也抓男排集训。这几年，忙得她春节经常不在家过，一会儿跑漳州，一会儿到郴州，有时与男排集训领导小组同志研究训练计划，有时与女排集训队教练一起探讨训练新战术、技术，总是闲不住，家也顾不上了。夫妻俩仍同婚前一样聚少离多。丈夫侯晓非1989年赴冰岛一家俱乐部任教，同时兼任冰岛国家女排教练，每年只有夏天才能回国休假。侯晓非工作非常努力，自任教以来，该俱乐部夺取全国冠军。按合同期到1994年即满，但由于冰岛人对他的工作非常满意，多次透露不肯放他走，届时能否回来还是个未知数。

周晓兰一年中有半年出差在外，只要是排球的事，不管是训练、比赛，还是科研、会议，她都参加。因此她只好把女儿寄养在山西外婆家。她的女儿名叫侯越。夫妻俩取名形成共识，"越"有两重含义，一是取浙江古称"越"，因为周晓兰是半个浙江人；二是指超越父母，成为强者。侯越今年（1994年）8岁，身高已达1.3米多，比同龄人高一个头，是一块打排球的料。至于将来女儿干什么，周晓兰说，还是顺其自然为好。

　　周晓兰谈到丈夫、女儿时还说，我于1985年2月22日，在中国女排"娘家"——漳州举行婚礼，漳州不仅是中国女排的"娘家"、"摇篮"，也是我

△ 周晓兰的婚礼选择在"娘家"漳州举行

的"娘家",成长的"摇篮",我们一家都不忘漳州，对漳州有特殊的感情。

➡️ 陈亚琼仍吃体育饭

★★★★★

提起陈亚琼，人们也许还记得 1981 年 11 月 16 日中国女排对日本女排的那场比赛。中国队前两局战胜对手，按比赛规定已获得这次比赛的世界冠军，也是首次获得世界获军。但在第五局，比分出现 15：14，对手领先。而且发球权又在对方手中，眼看再失一个球，世界冠军就要败在亚军手里。危在旦夕。

比赛在紧张进行着，对方一个轻吊，球飘落我方空区，一落地就要结束比赛。只见陈亚

△ 陈亚琼

琼判断准确，用她男子式的鱼跃，神速从 6 号位扑到 4 号位，舒臂一垫，把球垫起，队友又将球击中对方。夺回发球权后，她又接连防起几个重球、险球，为前排反击创造了条件。中国女排终于赢得 2 分，获得全场胜利，成为名副其实的世界冠军。

弹指一挥间，十年过去了。1991 年 10 月中旬，陈亚琼回到"娘家"——漳州体育训练基地，参加漳州为中国女排首次夺冠十周年而举办的纪念活动。

陈亚琼一踏进"娘家"，不时用闽南语与家乡人攀谈，记者"乘势而上"，也用闽南话采访了她。眼前的陈亚琼，身穿一套蓝色的西式套裙，乌亮浓密的头发在脑后扎成一束，秀丽的脸庞略施粉黛;加上一双明亮的眼睛,显得文静大方,优雅洒脱,只是她那 1.80 米的个头没有变，要不就认不出当年驰名排坛的"男式快攻手"的她了。

话题一扯开，朴实、谦诚的陈亚琼一直推托说，这几年香港和大陆不少记者来采访她，都被她推掉了，一是因为忙，二是因为觉得自己没有什么东西可写。但亚琼见我是闽南籍的记者，还算给面子，从旅行袋中拿出一本香港印刷的中国女排老将人生新途的画册对我说，她的近况都在这里面,那是自己写的,拿去看好了,再说也是重复。我接过这本画册,看了她自撰的《我仍在为体育事业而工作》的文章，从中了解了她近年来的工作、生活及家庭的情况。

1982 年底，陈亚琼在全国人民还沉浸在庆祝中国女排第二次夺取世界冠军的喜悦之中时，她悄悄地离开这支与她同甘共苦的战斗队伍——中国女排，告别了她 10 年的排球生涯，来到香港。那年，她才 26 岁，按说还是运动员的高峰期。有人议论，也有人批评她"开小差"，不打球去香港。亚琼说，这些闲言碎语她听到了，也有不少球迷给她写过信，提及这些。其实，陈亚琼何不想继续留在女排，只是力不从心。早在 1981 年参加世界杯女排赛时，她就有了重伤，有时腰疼得不能站起来，就在首次夺取世界冠军期间，她腰疼得全身不能动弹。1982 年 9 月份的世锦赛，她是咬着牙上场参战的。赛后，组织上考虑她的伤那么重，是不可能打 1984 年奥运会的，便同意她个人离队的请求。

在这期间，她的未婚夫高克宁已在香港定居，也多次催她去办喜事。他们俩是在福建的时候认识的，高克宁原是福建男篮的运动员，陈亚琼是闽南姑娘，曾是永春县女篮运动员，后改行打排球。两人婚期早就订好，只是为了打球，一再推迟。陈亚琼的父母亲、兄弟、姐姐都在香港，亚琼也很想和他们团聚。陈亚琼离队后，于 1982 年 12 月中旬到达香港与家人团聚，第二年 1 月，和高克宁举行婚礼，定居香港。1983 年初，组织上根据她的实际情况，安排她到新华社香港分社文体部工作，1985 年担任文体部副部长，主要分管体育。刚到文体部时，日本一家公司老板许以高薪邀她到日本职业队去打球。陈亚琼拒绝了，坚持到单位上班。从运动员的生活一下子转为坐办公室搞行政工作，对她来说，确实是一个很大的转变，但她用球场上锻炼出来的拼搏精神，去克服工作中的困难，在香港为我国的体育事业起桥梁纽带作用。开始工作时，由于人生地不熟，语言不通，给工作带来困难。但她虚心好学，拜人为师，在分社领导和同事们的支持下，尽力干好本职工作，使工作开展得很顺利，与体育界人士交上朋友，积累了工作和生活的经验。

1984 年，中英两国政府签订关于香港问题的联合声明后，为进一步推动大陆与香港、台湾等地的体育交流，亚琼"牵线搭桥"，积极组织各种体育交流活动。1990 年，她听说福建女足因经费紧张将被解散的消息后，就四处奔走，取得一些香港商人的支持，保住了这支女子足球队，并以新的面目出现在中国的足坛上。

陈亚琼在香港有一个幸福的家庭。她的丈夫高克宁并不是所传的富家子弟，他曾是香港中华制漆厂中国贸易部的总经理，主要负责国内贸易，他的工作也是辛苦而又繁忙。女儿晓珊今年（1994 年）10 岁了，在上小学。为推动香港与内地的体育交往，陈亚琼不知做了多少工作。她说："我作为一名体育工作者在事业上感到很充实，但作为一个女人，一个做妻子和母亲的女人，我似乎又失去一点什么。但我也相信，我先生会体谅我，女儿将来也会理解她的妈妈。"

"双珠"回"娘家"

★★★★★

驰名中外的原中国女排名将、福建选手侯玉珠、郑美珠于 1993 年 7 月 16 日，又回到女排"娘家"——漳州体育训练基地，参加福建女排集训，准备参加"七运会"的排球比赛。

说起这"双珠"，球迷们并不陌生。她们以自己精湛的球艺，为中国女排夺取世界"五连冠"做出了突出贡献。也许大家还记得，1984 年 8 月 7 日晚上，洛杉矶第 23 届奥运会中美女排决赛的精彩场面：第一局打成 14 平时，袁伟民教练镇静自若，大臂一挥，派侯玉珠上场发球。发球哨音刚落，侯玉珠发出一个远距离上手飘球，平冲过网，后排一名美国队员以为此球一定出界，没有接球。谁知，这个球临近底线上空，突然下坠，落在场内。美国队目瞪口呆，仿佛挨了当头一棒。侯玉珠直接发球得分，15：14！紧接着，她发一个飘球，落点从后场移至中场，眼看球就落场，突然球又偏离弧线，提前坠落。那个美国队员急忙将手臂往前一伸，用力过大，把球垫过了网。郎平眼疾手快，狠扣一个探头球。16：14,中国队拿下关键性的第一局。美国队士气大受影响。中国队乘胜追击，直落三局，终于摘取奥运会的金牌。赛后。许多报纸、通讯社发表述评，赞誉侯玉珠的神奇发球，说她是中国女排的秘密武器。侯玉珠从此而驰名中国排坛。

郑美珠是中国女排最矮小的队员，身高只有 1.72 米，曾三进三出国家队。最后她以反应灵敏、弹跳高、防守好的出色技艺成为中国女排主力，也是中国女排瑰丽的珍珠。

我是在"双珠"归队后的第一个星期天上午 10 点钟，在漳州体训基地健身馆里找到"两珠"的。她们开口便说：我们刚归队训练，时间很宝贵，晚上休息时再聊吧。记者被中国女排老队员这种抢时间训练的拼劲所感动。这天晚上 8 点多钟，我再次造访了她们。

坐在面前的侯玉珠，脑后的浓黑头发梳成一条辫子，一副纯真、活泼、充满活力的表情，看不出她有 30 岁。她落落大方，很坦率地说："福建是生我养我的故土，现在组织上需要我继续为福建女排效力，参加'七

△ 侯玉珠   △ 郑美珠

运会'排球比赛，我理应服从。"上届全运会，她和
队友们奋力拼搏，夺取冠军。当时，她以为这是最
后一次拼搏了。时过6年，又重披战袍。她笑着说：
这次应该是为福建女排做最后一次拼搏了，我将尽
自己最大的努力。

　　侯玉珠从中国女排退役后，于1990年8月偕同
丈夫史政到德国斯图加特市留学。史政就读体育管
理专业，她在一所语言学校读书，边念德语，边打
球。第一年，她在丈夫就读学校所在的一个城市俱
乐部打球，正好与原中国女排杨晓君同一个队。她
俩密切配合，使该队实力大增，连获全德女排甲级赛、

全德女排锦标赛冠军。第二年5月，她丈夫已通过语言关，考取德国图丙根市一所大学。她又随夫到该城，在一家水平不高的俱乐部打球，既当队员，又担任副教练。在她的努力之下，这个俱乐部的女子排球队水平不断提高，从原来全德排球赛的十几名上升到第四位，引起当地政府领导的关注。1992年6月，她又转移到德国北部韦西塔城俱乐部效力。几度风雨，几度花落花开，为了事业，她今年不觉已30岁了，仍然没有要孩子。福建女排要召回她时，德国又有几家俱乐部的排球队要高薪聘请她打球，但为了"七运会"，她不但没与这些队签约，而且还单方与原签约的队提前解除签约，经济损失是可想而知的。但她说，只要能为福建女排再次效力，个人经济损失些也值得。

△ 1986年在捷克斯洛伐克第十届世锦赛上

问起"七运会"结束后她有何打算时，侯玉珠坚定地说："'七运会'结束后，我不打算再返德国，决定回福建，力争在省里干一些与体育有关的事业。因为搞这么久的体育了，心总是念着体育，也不想离开体育。"

见到郑美珠，还是白净的脸庞，大大的眼睛。头发还是梳成一条辫子，质朴中透出她的几分灵秀。我猛想起 1990 年 6 月底，郎平归队重披中国女排战袍时，当时在福建就学的郑美珠专程从福州赶到漳州欢迎郎平。那时记者问她："郎平归队，你有何感想？"她回答说："我向郎平学习，只要省队或者其他队需要我效力时，我将义不容辞地服从。"三年后的今天，她的话变为现实，真的又成为福建女排的"主将"了。

郑美珠是 1991 年初偕丈夫蔡浩离开福州到德国的。她在德国一家俱乐部打球，丈夫在读书。美珠每天训练 2 至 3 小时，毕业于北京钢铁学院准备攻读博士学位的蔡浩，则经常在家中多干一些家务，为妻子服务。德国体育比赛一般都安排在周末，美珠要上场打球，蔡浩无特殊情况，一般都到场上当观众，为她助威。比赛结束时，又陪她一起返家。空余时间，郑美球也到当地政府办的一所语言学校攻读德语，现在能讲一些常用语了。

31 岁的郑美珠，有个 2 岁的男孩，名叫蔡松良。她和丈夫都在德国，常想念留在福州的儿子，几乎每星期都要打一两次电话到福州，了解、关心儿子的情况。她有趣地说，这次回福州，儿子都认不出她了，逗了很久，才叫她妈妈。

谈起参加"七运会"女排决赛时，郑美珠说，作为一名老队员，当然要为家乡人民、福建女排尽力去拼，力争取得优异成绩。

训练场上，"双珠"依然璀璨。侯玉珠仍身穿4号中国女排衣服。美珠穿着福建女排的服装。在强攻扣球训练中，侯玉珠拼劲十足，扣球一球比一球狠。岁月不饶人，毕竟是30岁的大姐，练一阵子下来，挥汗如雨，气喘吁吁，教练陈玉霖劝她休息一会儿再练，可她完不成训练指标不罢休，总是咬着牙，使劲地跳，拼命地扣……

已当妈妈的郑美珠与同场的年轻姑娘进行对抗训练时，毫不示弱，对方的大力扣球像一发发重炮打来，美珠时而鱼跃，时而翻滚，救起一个个险球，那"下三路"的防守成功率比年轻姑娘还要高。

"双珠"这种拼劲和高超球技给全队将士极大的鼓舞，她们从"两珠"身上看到中国老女排队员的顽强作风，领悟到老女排夺取世界大赛

"五连冠"是如何拼出来的，队内很快形成一种"比、学、赶、帮、超"的好风气，训练的自觉性提高了，刻苦训练的队员增多了，找问题加码练的人增多了。教练说："两珠"归队，在队里起着模范带头和稳定军心、压阵的核心作用，给全体队员很大教育、启发和鼓舞。

这两颗"明珠"又放射出新的光芒。

⊙➙ 苏惠娟的新追求

★★★★★

在"八佰伴"女排下榻的漳州华侨饭店里，记者叩开 915 房间，迎面走来的是苏惠娟，她见我是老熟人，笑着问我："又采访来了？""你猜着了。"我笑着回答道。采访熟人，不受拘束，苏惠娟很自然，也毫不保留地介绍了她的排球生涯和近况。

苏惠娟堪称中国女排"五朝元老"，曾在袁伟民、邓若曾、张蓉芳、李耀先、胡进先后执教的中国女排整整干了10年。这期间最使她难忘的，是1982年刚进国家队的时候，袁伟民教练严格训练、严格要求的训练作风和老女排队员为国争光、顽强拼搏的精神，使她深受教育和鼓舞。从那时起，她立志当一名优秀二传手，为祖国争光。她参加过三次奥运会，两次世界女排锦标赛，两次世界杯赛，和队友一起奋力拼搏，曾三次站在世界冠军的领奖台上，两次获世界亚军，一次获世界第三名。她回顾往事，自豪地说，她在中国女排拼搏10年，付出心血和汗水是值得的，为祖国尽了自己一份力量，尝过世界冠军的滋味，也饱尝过在巴塞罗那失利的苦果，有过无比喜悦的心情，也有过极为伤心的痛苦。最使她感到终生遗憾的是巴塞罗那奥运会，中国女排对荷兰女排的一场球，前两局中国女排以2：0领先，第三局仍以11：4领先，她在场上奋力拼，再坚持一下，就3：0拿下来了。谁知，这时她和另一名队员被换下场来休息，结果，场上队员情绪出现反常，没有抓住机会，对手反败为胜，以3：2胜了我们，以致中国女排未能进入决赛圈。只获得第七名。这场球打下来，她哭了很久很久。

苏惠娟是河北姑娘，第一次到漳州是1980年随河北女排参加全国女排集训。1982年进国家队。一直打二传。她到漳州训练有十五六次，

117

星座篇

她说："每次回'娘家'，漳州都有巨大变化。这次回漳州，'中国女排腾飞馆'又落成了，这将改善女排的训练条件，是我们女排的一件喜事。'腾飞馆'揭幕那天，我和郎平、侯玉珠、巫丹等在馆前馆内照相留影，心里高兴极了。我们几个人都有一个共同的心愿：希望中国女排再次腾飞！"

苏惠娟曾在"八佰伴"女排效力，从去年（1992年）底到今年三月，她打了二十多场球，仍是打主力二传。她为自己能加盟世界超级明星队感到自豪。她说，她从小就喜欢排球，将来仍然要干一些与体育

△ 苏惠娟

△ 中国女排腾飞馆于1994年3月开馆

事业有关的工作。

　　苏惠娟 1964 年出生，今年（1994 年）30 岁。她退役后于 1992 年 11 月结婚，丈夫叫牛长征，是新华社国内部的记者，身高 1.84 米，比她高 5 厘米，夫妻俩都是河北人。牛长征喜爱体育，大力支持苏惠娟搞好体育事业。苏惠娟伤病多，牛长征经常为她抓药、煎药。苏惠娟说我事业的成功，有我丈夫的一半功劳。

巫丹打进"八佰伴"

★★★★★

　　坐在面前的巫丹，白白的脸庞，细细的眉毛，柔和的眼睛，开朗的额头。乌黑的头发在脑后扎成一束。这位 1985 年进国家队的中国女排老将，参加过 7 次世界大赛。她和队友团结一致，奋力拼搏，夺取了 1985、1986 年两次冠军和两次世界亚军、一次世界第三名的好成绩。1993 年全运会后，她正式退役。在回顾自己成长的过程时，巫丹风趣地说，漳州体训基地是她成长的摇篮。巫丹第一次到漳州是 1982 年 11 月份，那时，她跟随四川青年女排参加全国青年女排漳州集训。1983年初,她晋升到四川女排,又来漳州参加全国甲级女排集训,年末又来一次。在一年多时间里,巫丹三次到漳州集训,大开眼界,学到很多知识,技术水平提高很快,为进国家队打下了基础。从进国家队,她有十几次到漳州参加集训。她说:"每次回到漳州,我对体训基地训练馆、田径场、健身房、医疗室、运动员宿舍和基地的工作人员总是特别熟悉,特别亲切。漳州是我们女排的'娘家'、'摇篮'。"

巫丹于1992年8月披上婚纱,丈夫韩军是国家经贸部的干部,身高1.78米。她俩是在北京认识的。韩军喜欢体育,全力支持巫丹打排球。在北京,巫丹在场上打球,韩军当观众,为她助威。回到家,

△ 巫丹

△ 1986年世界锦标赛冠军中国女排的姑娘

他总是包揽家务活，尽量让巫丹休息好。逢周末或节假日，他就陪着巫丹上公园游览或上电影院看电影。这次随"八佰伴"女排到漳州18天，韩军经常从北京打电话给巫丹，了解巫丹训练、比赛的情况，关心着巫丹的身体健康，并勉励她安心在外地打球。巫丹说："我很感谢我丈夫关心、支持我的事业。"

巫丹透露，她与"八佰伴"公司签订一年合同，合同期满后，是打球，还是继续读书届时再定，但总是愿意干一些与体育有关的工作。

五连冠阵容

1981 年世界杯第一名（第一次世界冠军）

领　队：张一沛

主教练：袁伟民

教　练：邓若曾

队　员：张蓉芳、郎　平、梁　艳、孙晋芳、周晓兰、陈招娣、
　　　　周鹿敏、杨　希、陈亚琼、曹慧英、张洁云、朱　玲

1982 年世界锦标赛第一名（第二次世界冠军）

领　队：张一沛

主教练：袁伟民

教　练：邓若曾

队　员：张蓉芳、郎　平、梁　艳、孙晋芳、周晓兰、陈招娣、
　　　　杨　希、陈亚琼、曹慧英、姜　英、杨锡兰、郑美珠

1984 年第 23 届奥运会第一名（第三次世界冠军）

领　队：张一沛

主教练：袁伟民

教　练：邓若曾

队　员：郎　平、张蓉芳、周晓兰、侯玉珠、郑美珠、姜　英、

梁　艳、杨锡兰、朱　玲、杨晓君、苏惠娟、李延军

1985 年世界杯第一名（第四次世界冠军）

领　队：袁伟民

主教练：邓若曾

教　练：胡　进、江申生

队　员：郎　平、梁　艳、杨锡兰、郑美珠、杨晓君、苏惠娟、

巫　丹、殷　勤、侯玉珠、姜　英、李延军、林国清

1986 年世界锦标赛第一名（第五次世界冠军）

领　队：张一沛

主教练：张蓉芳

教　练：郎　平

队　员：侯玉珠、杨晓君、郑美珠、姜　英、梁　艳、杨锡兰、

苏惠娟、李延军、殷　勤、巫　丹、胡小凤、刘　玮

后　记

回望激情岁月

　　时光倒流 30 年，1981 年 11 月 16 日晚，第三届女排世界杯的最后一场比赛在日本大阪打响，中国女排的对手是东道主日本队，中国队只需要赢两局就可以拿到三大球在我国历史上的首个世界冠军。

　　面对占尽天时、地利、人和且机关算尽的日本队，中国女排并没有受影响，反而士气高涨，她们打得凶，拼得狠，很快就拿下前两局。

　　随着最后一球落地，中国女排的姑娘们激动地蹦着跳着，抱在了一起，开始欢庆胜利。

　　虽然冠军已经属于中国女排，但比赛还没结束，这种强烈的幸福感让场上的姑娘们一下子失去了目标，她们接下来连丢两局，最后一局又以 14 比 15 落后。

　　冠军虽然到手，但如果是以失利告终，这个冠军就不够完美。紧急关头，主教练袁伟民叫了暂停，他先是盯着中国女排的姑娘们一言不发，然后开口狂吼："不获全胜，我们算什么世界冠军! 我们可不要往自己脸上抹黑啊，不要忘记，我们是中国人！"

听完教练的话，队员们一下子回过神来，依靠"铁榔头"郎平的重扣和"天安门城墙"周晓兰的拦网，中国队连得两分，3比2，赢得了一场完美的胜利！

就在姑娘们抱头痛哭、迎接胜利的同时，大洋彼岸，在收音机和电视机前的中国人更是血脉贲张，他们聚集到天安门广场，彻夜高呼"中国万岁，女排万岁！"

这一晚，是中国女排辉煌的开始，也是改革开放后中国体育振兴的开始。

1982年9月，第九届世界女子排球锦标赛在秘鲁举行。中国女排在小组预赛中以0∶3输给了美国队。当时的规则是预赛的成绩将被带入后面的赛事。中国女排当时唯一能做的事情，就是在后面的6场比赛中全部都以3∶0获胜。奇迹居然真的发生了，中国女排在后面的6场比赛中，场场均以3∶0获胜，不仅首次获得世界锦标赛的冠军，而且以6个3∶0的比分，展示了自己的超强实力，宣示了一个新的世界霸主的到来。

已有两冠在手的中国女排，现在只差一个世界上含金量最高的冠军——奥运会冠军。从此，"三连冠"的呼声四起。

阔别32年之后，1984年的洛杉矶奥运会上，中国重返奥运赛场，并派出了规模庞大的代表团。

1984年8月7日，洛杉矶奥运会女子排球决赛，小组赛上以1∶3输给了美国队的中国女排以3∶0击败了美国队，夺得冠军，成为中国体育史上第一枚团体项目的奥运会金牌，实现了三连冠伟业。从此，"顽强拼搏，为国争光"的精神，被人们亲切地称为"女排精神"。郎平、张蓉芳等一批闪光的名字，成为了当时万众瞩目的"超级女生"。女排精神的传播也远远超越了运动场。4000多名北大学子涌向校园，喊出了"团结起来，振兴中华"的口号。

1985年11月17日，中国女排在日本举行的第四届世界杯女子排球赛中，以七战全胜的成绩，第四次荣膺冠军。

1986年9月13日，在捷克斯洛伐克举行的第十届世界女排锦标赛上，中国女排在极为困难的情形之下出征，克服了重重困难，最终以八战八胜的出色战绩，蝉联冠军，成为世界排球史上第一支获得"五连冠"的队伍。

在这五年中，中国女排每逢重大比赛的决赛都遭遇东道主，但总能上演大逆转，屡屡获胜。她们迎来了"五连冠"，中国社会对于她们的崇拜一次甚于一次。

30年过去了，中国女排依然是中国三大球队伍中唯一获得过世界冠军的球队。

30年过去了，女排精神已传播到各行各业，激励着华夏儿女为实现中华民族的伟大复兴而顽强拼搏。

/100位

新中国成立以来感动中国人物 /

丁晓兵　马万水　马永顺　马恒昌　马海德　中国女排五连冠群体

孔祥瑞　孔繁森　文花枝　方永刚　方红霄　毛岸英

王　杰　王　选　王　瑛　王乐义　王有德　王启民

王进喜　王顺友　邓平寿　邓建军　邓稼先　丛　飞

包起帆　史光柱　史来贺　叶　欣　甘远志　申纪兰

白芳礼　任长霞　刘文学　刘英俊　华罗庚　向秀丽

廷·巴特尔　许振超　达吾提·阿西木　邢燕子　吴大观

吴仁宝　吴天祥　吴金印　吴登云　宋鱼水　张　华

张云泉　张秉贵　张海迪　时传祥　李四光　李春燕

李桂林和陆建芬夫妇　李素芝　李梦桃　李登海　杨利伟

杨怀远　杨根思　苏　宁　谷文昌　邰丽华　邱少云

邱光华　邱娥国　陈景润　麦贤得　孟　泰　孟二冬

林　浩　林巧稚　林秀贞　欧阳海　罗映珍　罗健夫

罗盛教　草原英雄小姐妹　赵梦桃　钟南山　唐山十三农民

容国团　徐　虎　秦文贵　袁隆平　钱学森　常香玉

黄继光　彭加木　焦裕禄　蒋筑英　谢延信　韩素云

窦铁成　赖　宁　雷　锋　谭　彦　谭千秋　谭竹青

樊锦诗

图书在版编目（CIP）数据

中国女排五连冠群体 / 罗如岗，罗蓉芳，王新英著. -- 长春 ：吉林文史出版社，2012.9（2022.4重印）
（100位新中国成立以来感动中国人物）
ISBN 978-7-5472-1211-0

Ⅰ．①中… Ⅱ．①罗… ②罗… ③王… Ⅲ．①女性－排球运动－优秀运动员－生平事迹－青年读物②女性－排球运动－优秀运动员－生平事迹－少年读物 Ⅳ．①K825.47

中国版本图书馆CIP数据核字(2012)第232151号

中国女排五连冠群体

ZHONGGUONVPAIWULIANGUANQUNTI

著/ 罗如岗 罗蓉芳 王新英

选题策划/ 王尔立 责任编辑/ 王尔立 李洁华 任玉茗

装帧设计/ 韩璘

出版发行/ 吉林文史出版社

地址/ 长春市福祉大路5788号 邮编/ 130118

电话/ 0431-81629363 传真/ 0431-86037589

印刷/ 天津海德伟业印务有限公司

版次/ 2012年10月第1版 2022年4月第4次印刷

开本/ 640mm×920mm 1/16

印张/ 9 字数/ 100千

书号/ ISBN 978-7-5472-1211-0

定价/ 29.80元